JN279417

New Version対応

新TOEIC® TEST 英文法・語法 問題集

安河内 哲也　魚水 憲 共著

Jリサーチ出版

TOEIC is a registered trademark of Educational Testing Service（ETS）.
This publication is not endorsed or approved by ETS .

文法・語法問題は
TOEIC®テストの得点源だ！

▶ 文法・語法は短期間で集中攻略できる

　TOEICテストは、リスニング100問、リーディング100問の、合計200問の問題で構成されていますが、リーディングセクションのなんと半数が、文法・語法に関する問題です。リスニングやリーディングの問題と比べて、文法・語法の問題は比較的短期間で集中して学習し、得点を上げることが可能です。

　本書では、姉妹書の『TOEIC TEST英文法スピードマスター』や『TOEIC TEST英文法問題集　集中攻略』のように、不定詞や動名詞などの文法項目にしたがって問題を配列することをあえて行わず、本番の試験と同じように、さまざまな項目に属する問題がバラバラに出題される形式を採用しています。

　また、全7回の演習に関しても、本番により近づけるために、本番と全く同じ、短文空欄補充問題40問、長文空所補充問題12問という問題数を採用しています。

▶ 1問30秒で解答しよう

　実際のTOEICの試験では、リーディングセクションの試験時間は75分です。パート7の48問の読解問題に必要だと考えられる、1問1分間という時間を確保するためには、パート5と6の52問を26分で解答しなければなりません。これは、1問につき平均30秒の速度で解答することを意味しています。

はじめに

　したがって、本書ではテスト1回の制限時間を26分に設定し、この速度でランダムに配列された問題に挑戦することによって、皆さんには文法・語法の力そのものの養成に加えて、時間配分を体感的に覚えてしまってほしいのです。

　本書の問題はバラバラに解いても、文法・語法自体の学習にはなりますが、上記のような理由から、時計を置いて、時間をしっかりと計りながら1セットを一気に解くことをお勧めします。

▶時間配分が成績を左右する

　これほどまでに「時間配分」のことを強調するのは、TOEICを実際に受験した人に聞くと、多くの人が、リーディングセクションで最後まで行き着かず失敗したと口にするのを耳にするからです。

　例えば、リーディングセクションの前半だけしっかり解いて、後半をデタラメにマークした場合と、できない問題をとばしながら、全体をザックリと解答した場合では、後者の方が、はるかにスコアは高くなるだろうと考えられます。それにもかかわらず、多くの受験者が前者の状態に陥っているのです。

　本書を通じて学習する皆さんが、時間配分のコツをしっかりと習得し、さらに本書に採用された問題の演習を通じ、文法力・語彙力を増強し、さらなるスコアアップの実現を果たすことを心から祈ります。

安河内哲也／魚水　憲

CONTENTS

はじめに ………………………………………………………… 2
文法・語法問題を制するための5箇条 ………………… 6
本書の利用法 …………………………………………………… 8

問題

模擬テスト1 ………………………………………………… 11
　Part V …… **12**　　Part VI …… **22**

模擬テスト2 ………………………………………………… 27
　Part V …… **28**　　Part VI …… **38**

模擬テスト3 ………………………………………………… 43
　Part V …… **44**　　Part VI …… **54**

模擬テスト4 ………………………………………………… 59
　Part V …… **60**　　Part VI …… **70**

模擬テスト5 ………………………………………………… 75
　Part V …… **76**　　Part VI …… **86**

模擬テスト6 ………………………………………………… 91
　Part V …… **92**　　Part VI …… **102**

模擬テスト7 ………………………………………………… 107
　Part V ……**108**　　Part VI …… **118**

　文法・語法チェックポイント ………………………… **123**

別冊

正解・解説

模擬テスト1	Part V 2	Part VI 12
模擬テスト2	Part V 20	Part VI 30
模擬テスト3	Part V 38	Part VI 48
模擬テスト4	Part V 56	Part VI 66
模擬テスト5	Part V 72	Part VI 82
模擬テスト6	Part V 90	Part VI 100
模擬テスト7	Part V 108	Part VI 118

文法・語法問題を制するための5箇条

① 時間配分を厳守して練習せよ

　パート5とパート6では、1問平均30秒で解答することによって、パート7のための十分な時間を確保することが重要です。パート5とパート6の52問を26分で終えてしまえば、残りの49分間でパート7の48問を解答すればいいわけですから、1問につき1分間の解答時間が生まれます。

② 意味だけでなく形から解く習慣を身につけよ

　動詞の語法などの問題では、意味的に正しくても、形式的には間違っている選択肢が施されている可能性があります。あくまでも英文法問題という視点から、意味だけにとらわれず、文法的な形をよく考えて解答することが重要です。

③ 正しい例文を何度も音読して頭に刷り込め

　英文法は武道の型と同様に、意識せずに瞬時に判断できるようになってはじめて、「修得した」と言えます。外国語において、このような動作や直感をみがく訓練はズバリ、「音読」です。正しい英文の音読を繰り返すことによって、誤った箇所を瞬時に「おかしいな」と思う語感が生まれます。

④ 選択肢を消去して可能性を絞り込め

　当然のことですが、選択肢を当てずっぽうにマークすると正解確率は25パーセント、ひとつ消去することができると33パーセント、ふたつ消去することができると50パーセントと、上がっていきます。1問だとたいした差にはならないかもしれませんが、数十問に関してこの習慣があるのとないのとでは、正解率には大きな開きが出てきます。

⑤ 思考が行き詰まったらもう一度白紙に戻して考えよ

　人間だれでも、最初の「思いつき」に執着してしまい、こじつけてしまうことがよくあります。つじつまが合わなくなってしまったら、頭の中をいったん白紙に戻して、先入観なしで、もう一度英文を眺めてみましょう。まったく別の角度から答えのヒントが見つかるかもしれません。

本書の利用法

　本書はTOEICのパート5とパート6の実践練習を目的とした問題集です。本番と同じ52の設問から成る「模擬テスト」7セットで構成されています。すべての設問に解答できるように、時間を26分（1問30秒）に制限してトライしてみましょう。

　「正解・解説」は別冊に掲載されています。

●模擬テスト＜問題＞

8. Before the presentation, the engineers met to ------- a strategy for the new building plans.
   (A) making
   (B) planning
   (C) talk
   (D) discuss

   Ⓐ Ⓑ Ⓒ Ⓓ

   GO ON TO THE NEXT PAGE ➡

☛ **残り時間表示**：砂時計のアイコンで「残り時間」を表示します。

制・限・時・間	制・限・時・間	制・限・時・間
残り ⌛ 26分	残り ⌛ 16分	残り ⌛ 6分

別　冊

●模擬テスト＜正解・解説＞

---

21. 正解：(C) 　　　　　　　　　　　　　　　　　　　　　　　[頻出]

訳 サムは新しいクライアントができるといつでも、その人を食事に連れ出す。

解説 接続詞の問題です。複合関係詞（〜ever）にも接続詞的な用法がありますが、問題の2つの文のつながりを考えると「〜するときはいつでも」という意味になることが分かります。

☐ client　名 クライアント；顧客　　　☐ take out　連れ出す

☞ **正解**：正解の選択肢
☞ **「基礎」「頻出」「盲点」の表示**：基本的な知識を問うものには「基礎」、本番のテストによく出るパターンには「頻出」、意外な落とし穴には「盲点」の表示を行いました。
☞ **訳**：設問文の訳
☞ **解説**：解答プロセスが理解できるように詳しい解説を加えました。覚えておきたいポイントは太字で表示してあります。
☞ **ボキャブラリー**：重要語彙をピックアップしました。単語や熟語もしっかりチェックしておきましょう。

●文法・語法チェックポイント

「模擬テスト」に出た問題で、重要な項目や注意したい事項をリストにして再録しました。試験前の知識の確認に利用してください。

模擬テスト ①

1回目の模擬テストに挑戦しましょう。
問題数は本試験と同じ52問です。
すべてを解ききる練習のため26分で解答しましょう。
10分単位で「残り時間」を表示します。

制・限・時・間
26分

Part V ⋯⋯ 12
Part VI ⋯⋯ 22

正解・解説➡別冊2ページ

Part V

▶ Choose the one word or phrase that best completes each sentence.

1. When the manager -------, we held a party in his honor.
   (A) realized
   (B) rented
   (C) retired
   (D) researched

2. Mr. Abbot could not ------- reached for comment today.
   (A) been
   (B) be
   (C) being
   (D) was

3. Analysts had predicted ------- that the dollar would appreciate by next week.
   (A) now
   (B) tomorrow
   (C) so
   (D) earlier

4. Ms. Kinney already turned in her ------- for the job and is waiting to hear a reply from the company.
   (A) applicable
   (B) apply
   (C) applicant
   (D) application

5. Sudden weather changes ------- contributed to the scarcity of the citrus crop this season.
   (A) have
   (B) has
   (C) were
   (D) have been

6. Paul bought a new PC because his other model was -------.
   (A) outnumbered
   (B) outdated
   (C) outward
   (D) outgoing

7. The earthquake had left hundreds of people -------.
   (A) homeless
   (B) home
   (C) moved out
   (D) vacant

8. Before the presentation, the engineers met to ------- a strategy for the new building plans.
   (A) making
   (B) planning
   (C) talk
   (D) discuss

GO ON TO THE NEXT PAGE

Part V

9. Louise had no ------- that the boss was planning to promote her.
   (A) time
   (B) money
   (C) idea
   (D) way

   Ⓐ Ⓑ Ⓒ Ⓓ

10. Most bank ATMs can handle all transactions quickly and -------.
    (A) efficiently
    (B) early
    (C) good
    (D) effective

    Ⓐ Ⓑ Ⓒ Ⓓ

11. The human resources director is ------- temp workers for the three-day sales event.
    (A) repeating
    (B) reclining
    (C) recruiting
    (D) recreating

    Ⓐ Ⓑ Ⓒ Ⓓ

12. Please fill out the form in triplicate and ------- it to the front office.
    (A) enter
    (B) input
    (C) renew
    (D) submit

    Ⓐ Ⓑ Ⓒ Ⓓ

13. The government spent the entire budget surplus ------- defense and now must raise taxes.
    (A) in
    (B) on
    (C) at
    (D) to

    Ⓐ Ⓑ Ⓒ Ⓓ

14. ------- the fact that the employee handbook stated that all employees should use a timecard, George never punched in or out.
    (A) Besides
    (B) Despite
    (C) Because
    (D) Although

    Ⓐ Ⓑ Ⓒ Ⓓ

15. Mr. Henneman had to attend ------- father's funeral so, obviously, he couldn't make it in to work today.
    (A) his
    (B) her
    (C) the
    (D) him

    Ⓐ Ⓑ Ⓒ Ⓓ

16. We would like to congratulate Patrick Burns ------- winning the "Employee of the Year" award.
    (A) to
    (B) from
    (C) for
    (D) at

    Ⓐ Ⓑ Ⓒ Ⓓ

GO ON TO THE NEXT PAGE

Part V

17. The forecast has ------- clouds with periods of rain for today, and sun with a few passing clouds for tomorrow.
(A) predicted
(B) isolated
(C) prorated
(D) inaugurated

18. The company decided to ------- a new, portable computer that's the smallest ever made.
(A) save
(B) launch
(C) tell
(D) remit

19. A roundup of the latest corporate earnings reports ------- published in the paper tomorrow morning.
(A) will be
(B) have been
(C) could
(D) should

20. The real estate agent had ------- selling the building and had to lower the price.
(A) money
(B) pain
(C) time
(D) trouble

21. The company's new engine design ------- CO_2 emissions by 50 percent.
    (A) looks
    (B) jumps
    (C) cuts
    (D) slams

22. The restaurant was forced to ------- its doors after a fire destroyed the kitchen.
    (A) closes
    (B) closed
    (C) close
    (D) closing

23. Sara has the most ------- software applications installed in her computer.
    (A) pretty
    (B) parallel
    (C) popular
    (D) pointed

24. All orders are processed and ------- on Mondays and Thursdays before noon.
    (A) shipment
    (B) shipping
    (C) ship
    (D) shipped

GO ON TO THE NEXT PAGE

Part V

25. When using our services, you shall be ------- any posted guidelines applicable to such services.
    (A) made for
    (B) respond
    (C) subject to
    (D) responsible

    Ⓐ Ⓑ Ⓒ Ⓓ

26. Mr. Myers wired the funds -------, so the money should be in your account by noon today.
    (A) tomorrow
    (B) ago
    (C) in an hour
    (D) yesterday

    Ⓐ Ⓑ Ⓒ Ⓓ

27. The next flight to Chicago has been cancelled ------- mechanical difficulties with the aircraft.
    (A) as far as
    (B) due to
    (C) because
    (D) in so much that

    Ⓐ Ⓑ Ⓒ Ⓓ

28. Ms. Moore's computer spread a virus ------- shut down the network the whole day.
    (A) when
    (B) that
    (C) so
    (D) for

    Ⓐ Ⓑ Ⓒ Ⓓ

29. ------- Ms. Kurtz was away on business, her secretary worked overtime answering the phones.
    (A) While
    (B) Meanwhile
    (C) For
    (D) Until

30. This latest passenger car model ------- comfort and safety and is very economical.
    (A) gets
    (B) needs
    (C) offers
    (D) puts

31. Under Sammy White's leadership, the company reinvented ------- by introducing some new and incredibly innovative products.
    (A) itself
    (B) herself
    (C) himself
    (D) ourselves

32. Most of the workers in our firm ------- comprehensive technical backgrounds.
    (A) needs
    (B) have
    (C) gives
    (D) do

GO ON TO THE NEXT PAGE

Part V

33. The council unanimously ------- the maintenance budget for the upcoming fiscal year.
    (A) appraised
    (B) praised
    (C) approved
    (D) improved

34. The general manager's secretary likes the new accounting software because ------- user-friendly.
    (A) it's
    (B) its
    (C) they're
    (D) they were

35. Jeff's promotion was approved and he ------- become regional manager from next month.
    (A) would
    (B) couldn't
    (C) did
    (D) will

36. If you have any questions ------- the seminar dates, please ask your immediate supervisor.
    (A) about
    (B) under
    (C) around
    (D) behind

37. All employees who do not yet have an I.D. badge may obtain one after supplying us ------- a recent passport-sized photo.
    (A) for
    (B) to
    (C) with
    (D) in

    Ⓐ Ⓑ Ⓒ Ⓓ

38. Mr. Lee's fax machine is broken so he is ------- using one he rented from the local office supply store.
    (A) timely
    (B) barely
    (C) currently
    (D) exactly

    Ⓐ Ⓑ Ⓒ Ⓓ

39. The janitor worked overtime for three days ------- during the international conference.
    (A) over
    (B) now
    (C) forward
    (D) straight

    Ⓐ Ⓑ Ⓒ Ⓓ

40. Ben was surprised to ------- that his desk had been moved to another floor while he was on leave.
    (A) find
    (B) think
    (C) say
    (D) listen

    Ⓐ Ⓑ Ⓒ Ⓓ

GO ON TO THE NEXT PAGE

Part VI

▶ Questions 41-52: Read the texts on the following pages. A word or phrase is missing in some of the sentences. Four answer choices are given below each of these sentences. You are to choose the one word or phrase that best completes the sentence.

Questions 41-43 refer to the following memo.

MEMO

TO: All employees
FROM: Georgia Johanssen, CEO
SUBJECT: New appointment

    I am very ------- to announce the appointment of Carla Perez to the position

        41. (A) pleasing
            (B) pleased
            (C) pleasant
            (D) please

of Chief Financial Officer. Ms. Perez comes to us from the Kaleb and Liam firm, where she was CFO for ten years. I am happy that she has chosen to work for us from now on. The outgoing CFO, Michael Rheingold, has retired. We wish him all the best in his retirement.

    We would like all staff members to come to a get-together tonight at Jack's Bar and Grill to welcome Ms. Perez aboard. It will be an ------- dinner. I

                          42. (A) informal
                              (B) intelligible
                              (C) inspiration
                              (D) incomprehensible

encourage each and every one of you to chat with Ms. Perez and get to know her better. To make sure that you all attend, I'll be closing up the office at 5:00 sharp today. Please try to come to Jack's by 6:00 p.m.

    I expect that all of you will give Ms. Perez your full -------.

                            43. (A) operation
                              (B) corporation
                              (C) cooperation
                              (D) company

GJ

Questions 44-46 refer to the following letter.

Richard Long
Long Furniture
281 Hemming Drive
Harding
Australia

Dear Mr. Long:

Our sales associate, Ms. Denise Tam, has ------- to our attention that you
    44. (A) brought it
        (B) been bringing it
        (C) had brought it
        (D) bringing it
have not placed an order with us for several months. We recall that we have had a successful ------- with you in the past as your lumber supplier and
    45. (A) reliability
        (B) relationship
        (C) related
        (D) relative
wonder what has happened. It seemed that in the past, you were satisfied with our product, prices and people. Has something changed?

If you have found another supplier, we would like to have a chance to undercut your current supplier's prices. We are confident that once you see what we have to offer, you will want to come back to us. Please contact us at your earliest convenience and let us know if you would like to meet to discuss this matter. You have always been one of our most ------- customers, and our
    46. (A) value
        (B) valuable
        (C) valuation
        (D) validated
doors are always open to you.

Best regards,
Jackson Taylor

GO ON TO THE NEXT PAGE

Part VI

Questions 47-49 refer to the following e-mail message.

To: Todd Whistler
From: Tamara Dennison
Subject: Job reference

Dear Mr. Whistler:
    Thank you for allowing me to be a summer ------- at your company. I really
                                47. (A) internship
                                        (B) internal
                                        (C) intern
                                        (D) internment
enjoyed the job and learned a lot. I'm writing you because I have a favor to ask. I will be graduating from college shortly and would love to add your name as a ------- for a job that I am hoping to get. I believe that I am highly qualified for
48. (A) refer
      (B) referee
      (C) referendum
      (D) reference
the position, and my duties are similar to the ones I did for you over the summer. I think I could have a good chance at getting it if I could have you as a reference. Please reply to this mail and let me know if it would be possible. I would really ------- it. It would help me out immensely in my future career.
                        49. (A) appreciate
                            (B) appreciates
                            (C) appreciating
                            (D) appreciated

Thanks, and all the best to you.

Yours sincerely,
Tamara Dennison

Questions 50-52 refer to the following article.

NEW YORK—Software giant LastSoft Inc. announced today that it is planning to put a ------- of its business on the sales block. LastSoft's game software

    50. (A) whole
        (B) portion
        (C) area
        (D) pieces

business, PlayCo, is expected to sell for over $3 billion dollars as it has shown profits over the last three quarters.

    Interested buyers are said to include Forham Ltd, one of the largest makers of game software in Europe, and Galley Soft Co. Both companies have seen sluggish earnings recently and are looking for something to get them out of the slump.

    LastSoft had been repeatedly receiving offers for PlayCo, ------- brought on

        51. (A) what
            (B) who
            (C) which
            (D) when

the decision to sell. It's not clear why LastSoft is ------- its gaming division, but

        52. (A) let's go
            (B) let go
            (C) let go of
            (D) letting go of

analysts speculate that the company is planning to reach into other areas of the sector.

    Officials at LastSoft could not be reached for comment.

模擬テスト ②

2回目の模擬テストに挑戦しましょう。
問題数は本試験と同じ52問です。
すべてを解ききる練習のため26分で解答しましょう。
10分単位で「残り時間」を表示します。

制・限・時・間
26分

Part V ……… 28
Part VI …… 38

正解・解説 ➡ 別冊20ページ

Part V

▶ Choose the one word or phrase that best completes each sentence.

1. Marion took a leave of ------- because she was under too much stress at work.
   (A) absence
   (B) incense
   (C) offense
   (D) pretense

2. The firm could not ------- to refurbish the office so they decided to find cheaper office space and relocate elsewhere.
   (A) affirm
   (B) affect
   (C) affluent
   (D) afford

3. Please direct all time card inquiries ------- the personnel department.
   (A) up and down
   (B) until
   (C) to
   (D) as

4. James wasn't able to make the deadline for signing the contract, so it was declared ------- and void.
   (A) no
   (B) null
   (C) nil
   (D) non

5. While Terry was at lunch, several clients ------- trying to see her.
   (A) came in
   (B) shut out
   (C) turned over
   (D) made up

6. The government ------- travel warnings yesterday for three countries.
   (A) issues
   (B) issue
   (C) issued
   (D) have issued

7. ------- oil prices rise, people tend to use public transportation a bit more.
   (A) Although
   (B) In spite of
   (C) Whenever
   (D) However

8. Web site developers must ------- fees for web hosting and domain names.
   (A) pays
   (B) pay
   (C) paid
   (D) paying

Part V

9. Investors took stock of recent gains ------- in the market after gross domestic product data was released.
   (A) made
   (B) turned
   (C) put
   (D) gave

   Ⓐ Ⓑ Ⓒ Ⓓ

10. Mr. Riley asked his staff to ------- inventory after he noticed that many items were missing from the shelves of his store.
    (A) prove
    (B) see
    (C) pay
    (D) take

    Ⓐ Ⓑ Ⓒ Ⓓ

11. Our CEO is a brilliant woman who ------- a strong sense of the marketplace.
    (A) was
    (B) is
    (C) have
    (D) has

    Ⓐ Ⓑ Ⓒ Ⓓ

12. ------- the economy improves, more people become interested in becoming entrepreneurs.
    (A) So
    (B) As
    (C) But
    (D) For

    Ⓐ Ⓑ Ⓒ Ⓓ

13. Mr. Larsen had been expecting a ------- amount of money as a bonus at the end of the year, but in the end he only received a very small amount.
    (A) consequent
    (B) considerate
    (C) considerable
    (D) constant

14. The federal government will ------- new legislation that will require small businesses to provide health care to all employees.
    (A) passes
    (B) passed
    (C) have been passing
    (D) pass

15. The project must be completed in a timely manner ------- the client doesn't suffer any losses.
    (A) if so
    (B) so that
    (C) but then
    (D) however

16. Visitors to the museum are ------- to refrain from using flash photography.
    (A) asked
    (B) asks
    (C) ask
    (D) asking

GO ON TO THE NEXT PAGE

Part V

17. Carl was very nervous ------- he had no idea why the boss wanted to see him in his office right away.
    (A) whereas
    (B) therefore
    (C) because
    (D) despite

    Ⓐ Ⓑ Ⓒ Ⓓ

18. Alex is an excellent portrait artist ------- holds a show in a gallery once a month.
    (A) when
    (B) and
    (C) if
    (D) because

    Ⓐ Ⓑ Ⓒ Ⓓ

19. The bread rolls from the bakery ------- the street are said to be the best in town.
    (A) ahead
    (B) over
    (C) across
    (D) beyond

    Ⓐ Ⓑ Ⓒ Ⓓ

20. The famous politician had to ------- his speech due to a recent threat he received.
    (A) written
    (B) reschedule
    (C) canceling
    (D) try

    Ⓐ Ⓑ Ⓒ Ⓓ

21. The company ------- a new strategy aimed at attracting a different market for their goods.
    (A) announced
    (B) say
    (C) spoke
    (D) talked

22. New technology has made it possible for human beings to acquire more wealth ------- ever before.
    (A) how
    (B) then
    (C) for
    (D) than

23. Low interest rates ------- allowed more young couples to buy homes.
    (A) has
    (B) have
    (C) are
    (D) is

24. Ms. Garcia is holding a meeting for new recruits in order to let ------- know about the company's policies.
    (A) him
    (B) ourselves
    (C) themselves
    (D) them

GO ON TO THE NEXT PAGE

Part V

25. My father suggested that I ------- in his footsteps once he retires from the company, but I am not sure that I want to do that.
(A) take over
(B) be
(C) follow
(D) work

Ⓐ Ⓑ Ⓒ Ⓓ

26. If you have a credit card billing question, please feel ------- to contact the customer service department at any time.
(A) good
(B) free
(C) fine
(D) happy

Ⓐ Ⓑ Ⓒ Ⓓ

27. A top manager should ------- the market, advertise, and hire and train good employees.
(A) repel
(B) receive
(C) repeat
(D) research

Ⓐ Ⓑ Ⓒ Ⓓ

28. It is an accountant's duty to make sure that the financial figures are correct and that the books are kept up-to- -------.
(A) date
(B) him
(C) them
(D) shelf

Ⓐ Ⓑ Ⓒ Ⓓ

29. She ------- been sick in bed yesterday; I saw her at the office.
    (A) must have
    (B) must
    (C) cannot have
    (D) cannot

    Ⓐ Ⓑ Ⓒ Ⓓ

30. When that famous CEO comes to town, he will be accompanied ------- 20 security guards.
    (A) by
    (B) from
    (C) for
    (D) in

    Ⓐ Ⓑ Ⓒ Ⓓ

31. Our latest plan is not practical because it is too ------- to make that product.
    (A) suddenly
    (B) slowly
    (C) costly
    (D) homely

    Ⓐ Ⓑ Ⓒ Ⓓ

32. The retail outlet had a big sale on summer clothing ------- make room for the fall items.
    (A) in place of
    (B) in order to
    (C) in case of
    (D) in reference to

    Ⓐ Ⓑ Ⓒ Ⓓ

GO ON TO THE NEXT PAGE

Part V

33. All job applicants are required to show some form of I.D. when applying ------- a position with our company.
    (A) for
    (B) in
    (C) at
    (D) from

34. The firm decided to use outsourcing from now ------- to cut costs.
    (A) on
    (B) so
    (C) for
    (D) over

35. Ms. DeVries was hired to maintain the network servers in Mr. Liu's -------.
    (A) absent-minded
    (B) absent
    (C) absentee
    (D) absence

36. Asian markets were ------- flat today because Japanese markets were closed for the national holiday in that country.
    (A) mentally
    (B) generally
    (C) physically
    (D) timely

37. There is great business potential in Internet start-ups these days, so ------- attracted many new graduates.
    (A) it could
    (B) they can
    (C) they have
    (D) it will

    Ⓐ Ⓑ Ⓒ Ⓓ

38. The Senator released a statement to disclaim any ------- in the scandal.
    (A) involved
    (B) involving
    (C) involves
    (D) involvement

    Ⓐ Ⓑ Ⓒ Ⓓ

39. The software manufacturer has just opened a new ------- in India that is expected to be very successful.
    (A) branch
    (B) way
    (C) time
    (D) firms

    Ⓐ Ⓑ Ⓒ Ⓓ

40. The secretaries at our company usually gather ------- the water cooler and gossip about their coworkers.
    (A) in
    (B) around
    (C) over
    (D) in-between

    Ⓐ Ⓑ Ⓒ Ⓓ

GO ON TO THE NEXT PAGE

Part VI

▶ Questions 41-52: Read the texts on the following pages. A word or phrase is missing in some of the sentences. Four answer choices are given below each of these sentences. You are to choose the one word or phrase that best completes the sentence.

Questions 41-43 refer to the following article.

Washington—Investors this week are wondering ------- many more times the
    41. (A) who
        (B) how
        (C) when
        (D) what
Federal Reserve will raise interest rates, as they have been raised 15 times already. Analysts speculate that the Federal Reserve will raise rates at least one more time by a quarter percentage point. Traders are anxiously ------- an
    42. (A) await
        (B) wait
        (C) waiting
        (D) awaiting
announcement that interest rates will not be raised, which will send stock prices higher.

    Reports indicate that while job growth has been slow, corporations have been posting better-than-average profits this quarter. These earnings have beaten analysts' predictions for the first quarter. The Fed will meet on Thursday to decide whether or not interest rates should be raised again, and given the latest news on the economy, the decision could go ------- way.
    43. (A) whole
        (B) neither
        (C) either
        (D) both

Questions 44-46 refer to the following letter.

Dr. Beth Reed
390 Star Lane
Auckland
New Zealand

Dear Dr. Reed,

Our chapter of the Women's Employment Networking Club ------- its annual
               44. (A) hold
                   (B) will be holding
                   (C) holding
                   (D) will have been holding
conference in Las Vegas, Nevada on May 13-16. The purpose of this conference is to encourage women to ------- in the workplace or in their
             45. (A) move up
                 (B) move over
                 (C) move it
                 (D) move aside
careers. As a published author and well-known psychologist, we thought it would be ------- if you were our keynote speaker at the conference. We would
      46. (A) appreciate
           (B) apprehensive
           (C) appropriate
           (D) apprentice
be delighted if you would accept our offer. We would pay you your usual fees as well as for your flight to Las Vegas and all your expenses. A 35-minute talk on each day would suit our needs perfectly, but you would be welcome to speak longer if you like.

    I look forward to your reply. As soon as I receive your answer, I will send you further details.

    Thanks very much for your time, Dr. Reed.

Yours sincerely,
Barbara Wilson
WENC Chairperson

GO ON TO THE NEXT PAGE

Part VI

Questions 47-49 refer to the following memo.

MEMO

TO: Joseph Berkowitz, Sales Department Manager
FROM: Marion Davidson, CEO
SUBJECT: Staff resignations

Hi Joe,

As you may already know, we have had a very ------- turnover of staff in our
    47. (A) high
        (B) highest
        (C) taller
        (D) tall
sales department. I was surprised to learn that 8 people in the last three months have resigned from that department. I also noticed that these resignations ------- with the opening of a branch of our rival company, General
    48. (A) coexisted
        (B) coincidence
        (C) coincided
        (D) coordination
Corp., in the same town. I know that at least three of our former employees left us to join General. Further investigation revealed that they were offered better benefits and more holidays. I think we need to at least match what General offers its employees if we want to keep the members of our staff.

    I would like ------- a managers' meeting at 7:00 p.m. on August 14 in the
    49. (A) call
        (B) to take
        (C) to call
        (D) take
banquet room to discuss this. Please let all the managers in your department know about this.

Questions 50-52 refer to the following advertisement.

Are you looking for a nice gift ------- that special someone? Why not give

50. (A) in
(B) at
(C) to
(D) for

that person a specially decorated cake from Harmony Bakery? At Harmony Bakery, we design cakes with unusual designs that are guaranteed to delight your loved ones. Our baseball lover cake is in the shape of a big baseball with a bat on the side. Instead of flowers, send your loved one our flower cake. The cake can be made to look realistically ------- any flower of your choice, and

51. (A) same as
(B) like
(C) above
(D) over

we'll even include a cake flower pot! Our gourmet cakes are designed any way you want them and are ------- within your budget. Visit our online cake shop at

52. (A) pricing
(B) pricey
(C) priced
(D) price

www.harmony-bakery.com or visit a shop nearest you.

模擬テスト ③

3回目の模擬テストに挑戦しましょう。
問題数は本試験と同じ52問です。
すべてを解ききる練習のため26分で解答しましょう。
10分単位で「残り時間」を表示します。

制・限・時・間
26分

Part V ……… 44
Part VI …… 54

正解・解説 ➡ 別冊38ページ

Part V

▶ Choose the one word or phrase that best completes each sentence.

1. The new Internet start-up doesn't have a dress ------- for its employees.
   (A) day
   (B) up
   (C) on
   (D) code

2. Daniel was ------- by the boss because he was late again to work.
   (A) reprimanded
   (B) reciprocated
   (C) repelled
   (D) reserved

3. There are many ways to ------- a product to make it look attractive to potential customers.
   (A) markets
   (B) market
   (C) marketers
   (D) marketed

4. Kevin ------- attend the international conference and reveal the prototype of our new product.
   (A) is
   (B) am
   (C) will
   (D) have

5. The jobless rate is ------- for the first time in months.
   (A) deleting
   (B) declining
   (C) deciding
   (D) denoting

   Ⓐ Ⓑ Ⓒ Ⓓ

6. ------- the entire staff, I would like to welcome you to our company.
   (A) On behalf of
   (B) In regard to
   (C) In consequence of
   (D) In order to

   Ⓐ Ⓑ Ⓒ Ⓓ

7. The CEO is known as an ------- leader who always expects the best from his employees.
   (A) tough
   (B) pensive
   (C) aggressive
   (D) oblivious

   Ⓐ Ⓑ Ⓒ Ⓓ

8. Please ------- your seat belts and remain seated while the seat belt light is on.
   (A) clip
   (B) put
   (C) fix
   (D) fasten

   Ⓐ Ⓑ Ⓒ Ⓓ

   GO ON TO THE NEXT PAGE

Part V

9. The client will arrive tomorrow, so we ------- all of our employees to be on their best behavior.
   (A) expects
   (B) expect
   (C) expected
   (D) expecting

   Ⓐ Ⓑ Ⓒ Ⓓ

10. Carol has been very tired ------- and is finding it hard to concentrate on her work.
    (A) latest
    (B) later
    (C) lately
    (D) late

    Ⓐ Ⓑ Ⓒ Ⓓ

11. Mr. Grayson was transferred over ------- the central branch yesterday.
    (A) it
    (B) and
    (C) because
    (D) from

    Ⓐ Ⓑ Ⓒ Ⓓ

12. The handbook has a lot of information ------- how to properly conduct your job duties.
    (A) to
    (B) on
    (C) at
    (D) in

    Ⓐ Ⓑ Ⓒ Ⓓ

13. Terry has been under stress because she has ------- to work overtime every day this week.
(A) must
(B) have
(C) had
(D) need

Ⓐ Ⓑ Ⓒ Ⓓ

14. The executive was ------- with conspiracy to commit fraud and for filing false financial statements.
(A) chased
(B) changed
(C) charged
(D) chapped

Ⓐ Ⓑ Ⓒ Ⓓ

15. The economic numbers revealed were very strong, ------- was very encouraging, but the economy is still not out of trouble yet.
(A) so
(B) that
(C) which
(D) who

Ⓐ Ⓑ Ⓒ Ⓓ

16. Ken stopped ------- the bank this morning and deposited some money into his account.
(A) by
(B) to
(C) for
(D) from

Ⓐ Ⓑ Ⓒ Ⓓ

GO ON TO THE NEXT PAGE

Part V

17. The strong economy is pushing stocks higher, but ------- still haven't reached last year's levels.
    (A) they have
    (B) them
    (C) it
    (D) they

    Ⓐ Ⓑ Ⓒ Ⓓ

18. Darcy checked the calendar and realized that she missed the deadline ------- submissions by a day.
    (A) to
    (B) for
    (C) till
    (D) then

    Ⓐ Ⓑ Ⓒ Ⓓ

19. James was interested in neither insurance ------- a retirement fund from the company.
    (A) but
    (B) and
    (C) nor
    (D) or

    Ⓐ Ⓑ Ⓒ Ⓓ

20. The company ------- the announcement of their new product due to the CEO's sudden illness.
    (A) postpone
    (B) postponed
    (C) postpones
    (D) postponing

    Ⓐ Ⓑ Ⓒ Ⓓ

21. ------- Sam gets a new client, he takes him or her out to dinner.
    (A) Whatever
    (B) Whichever
    (C) Whenever
    (D) Whoever

22. These new electronic devices offer consumers ------- features and more flexibility.
    (A) most
    (B) better
    (C) best
    (D) much

23. The conglomerate said it ------- a loss of $1.2 million in the fiscal fourth quarter.
    (A) take
    (B) offer
    (C) have
    (D) had

24. The general manager doesn't have an opening in his schedule until ------- month.
    (A) next
    (B) after
    (C) the end
    (D) another

GO ON TO THE NEXT PAGE

Part V

25. The download may take some time ------- on your Internet connection speed.
    (A) depends
    (B) depending
    (C) depend
    (D) depended

    Ⓐ Ⓑ Ⓒ Ⓓ

26. Mr. Mills ------- head down to the factory this afternoon to check the premises.
    (A) will
    (B) is
    (C) have
    (D) has

    Ⓐ Ⓑ Ⓒ Ⓓ

27. Ms. Barris is ------- watching the clock because she can't wait to leave the office.
    (A) terminally
    (B) gently
    (C) abruptly
    (D) constantly

    Ⓐ Ⓑ Ⓒ Ⓓ

28. There was an ------- commentary on the radio that addressed the problems in today's world.
    (A) excellent
    (B) exterminated
    (C) excommunicated
    (D) exchanged

    Ⓐ Ⓑ Ⓒ Ⓓ

29. The public relations officer is expected ------- a statement regarding the company's finances at tomorrow's press conference.
    (A) to speak
    (B) to make
    (C) to be
    (D) to wear

30. Please fill out the income tax forms and ------- them down to the local tax office before the end of the month.
    (A) bring
    (B) brought
    (C) brings
    (D) bringing

31. The vice president of the firm advised the employees ------- had grievances to speak directly to their union leaders.
    (A) what
    (B) when
    (C) who
    (D) which

32. The flight will proceed as ------- provided weather conditions remain calm.
    (A) arrived
    (B) called
    (C) needed
    (D) scheduled

GO ON TO THE NEXT PAGE

Part V

33. The salesperson boasted about his sales ability ------- he didn't make a single sale this week!
    (A) as soon as
    (B) even though
    (C) in order that
    (D) as far as

34. The time clock was behind by several minutes when Bob ------- this morning.
    (A) saved up
    (B) turned over
    (C) punched in
    (D) timed out

35. A meeting will be held today at noon because the boss has an ------- announcement to make.
    (A) imported
    (B) important
    (C) import
    (D) importance

36. There are flaws in the floor plan for the building, ------- it has to be revised.
    (A) when
    (B) so
    (C) if
    (D) for

37. Prosecutors are expected to file papers charging the CEO with securities -------.
    (A) friction
    (B) fringe
    (C) fraud
    (D) frame

38. Deborah can tell you all that you need ------- about financial planning.
    (A) knowing
    (B) to know
    (C) knew
    (D) knows

39. ------- stocks ended flat for the day, Centro Tech finished up a few points.
    (A) Altogether
    (B) Accordingly
    (C) Afterward
    (D) Although

40. The virus programs have spread rapidly ------- thousands of computer users.
    (A) among
    (B) along
    (C) aside
    (D) astride

GO ON TO THE NEXT PAGE

Part VI

▶ Questions 41-52: Read the texts on the following pages. A word or phrase is missing in some of the sentences. Four answer choices are given below each of these sentences. You are to choose the one word or phrase that best completes the sentence.

Questions 41-43 refer to the following e-mail message.

To: Marshall Watts
From: Stan Woo
Subject: Network server maintenance

Hi Marshall,
    We have been having problems with our server ------- and would like it if

41. (A) lately
    (B) precisely
    (C) really
    (D) terribly

you could send an engineer down to troubleshoot. Our own engineers have all taken a look and can't seem to pinpoint the problem. The network ------- at the

42. (A) looks up
    (B) turns down
    (C) shows up
    (D) goes down

same time every day. Do you think the cause of the problem could be coming from the outside?
    Anyway, please let me know when you can send someone at your earliest convenience. We are in a bit of a rush as this is our busiest season. We really can't afford these kinds of problems with the network..
    I really appreciate any help or ------- you can give.

43. (A) admission
    (B) advice
    (C) advertisement
    (D) admiration

Regards,
Stan

Questions 44-46 refer to the following e-mail message.

To: Tomas Lidstrom
From: Bill Houston
Subject: Remodeling our offices

Dear Mr. Lidstrom:
  We are considering remodeling our office ------- utilize more space. A friend
                              44. (A) in time for
                                  (B) in order to
                                  (C) in contrast to
                                  (D) in place of
of mine, Charles Coventry from Coventry and Associates recommended that I speak to you. He told me that you were the best carpenter in town and that you did an excellent job remodeling his firm. ------- we don't have quite the budget
                              45 (A) Accordingly
                                  (B) Furthermore
                                  (C) Despite
                                  (D) Although
that Coventry and Associates has, we would like you to come down and give us an estimate.
  We would like to break down some of the walls that enclose individual offices and make one big space. After we do that, however, I'm sure we'll need electrical work and new flooring as well.
  If it's convenient for you, I'd like you to come down to our offices this Saturday, ------- the employees are away and have a look at what needs to be
                              46. (A) where
                                  (B) who
                                  (C) when
                                  (D) whenever
done. Would 11:00 a.m. be good for you?
  Please let me know.

Regards,
Bill Houston

Part VI

Questions 47-49 refer to the following notice.

This year's county fair will be held at the fairgrounds on Saturday and Sunday, June 10 and 11, rain or shine. We'll have ------- of attractions that will suit the

47. (A) little
(B) much
(C) few
(D) dozens

entire family. There will also be puppet shows for the kids, as well as music, dance and magic shows for everyone. Food booths ------- 50 local area

48. (A) represented
(B) represent
(C) representing
(D) represents

restaurants will also be on hand serving up food and drinks. Don't miss the petting zoo and animal shows in the afternoons on both days. ------- to the fair

49. (A) Price
(B) Admission
(C) Fee
(D) Fare

is $10.00 for adults and $5.00 for kids and senior citizens. Children under 5 are free. Please note that food and beverages will not be allowed into the fair. Please do not bring pets onto the fairgrounds. See you this weekend at the county fair!

Questions 50-52 refer to the following letter.

Mr. Elliot Hicks
390 Bushell Lane
Sydney
Australia

Dear Mr. Hicks,

Thank you for coming to our office the other day to show us the products that your company has to offer. We were quite ------- with your presentation.

50. (A) impress
(B) impression
(C) impressed
(D) impressive

As a result, we would like to order some of your office furniture. We'd like to order 20 of the rosewood desks, and 25 of the ergonomic chairs. We like the acoustical partitions as well and need a dozen of those.

You mentioned after the presentation that the regular prices for these items are negotiable if ordered in bulk. How much of a discount can we expect? Please ------- an estimate for us.

51. (A) turn down
(B) draw up
(C) look over
(D) go across

Could you also let us know about the warranty and guarantee on these items? As I recall, this was not covered ------- your sales presentation.

52. (A) during
(B) on
(C) into
(D) while

Thanks very much for your time and we look forward to owning some of your fine furniture.

Sincerely,
Chris Young

模擬テスト ④

4回目の模擬テストに挑戦しましょう。
問題数は本試験と同じ52問です。
すべてを解ききる練習のため26分で解答しましょう。
10分単位で「残り時間」を表示します。

制・限・時・間
26分

Part V ……… 60
Part VI …… 70

正解・解説 ➡ 別冊56ページ

Part V

▶ Choose the one word or phrase that best completes each sentence.

1. A group of prominent scientists met with the country's leader to discuss the ------- of the environment.
   (A) interior
   (B) style
   (C) form
   (D) state

2. Office workers are more ------- to suffer from job stress than factory workers.
   (A) acutely
   (B) clearly
   (C) likely
   (D) suddenly

3. ------- the latest figures, our profits have gone up by five percent this quarter.
   (A) According to
   (B) On behalf of
   (C) From behind
   (D) As far as

4. Thank you for choosing our firm for your advertising -------.
   (A) needed
   (B) needing
   (C) needy
   (D) needs

5. The famous online retailer has ------- a new online food shop.
   (A) laminated
   (B) launched
   (C) lunched
   (D) lifted

6. The new, upscale clothing store downtown sells only ------- fur coats.
   (A) imitated
   (B) imitation
   (C) imitate
   (D) imitating

7. The shop clerk was unable to ------- the customer's 100-dollar bill.
   (A) changing
   (B) changed
   (C) change
   (D) changes

8. One way to market your business is to actually go ------- your target customers are.
   (A) when
   (B) where
   (C) who
   (D) what

GO ON TO THE NEXT PAGE

Part V

9. The two corporations released ------- sales campaigns on the same day.
   (A) alike
   (B) resemble
   (C) same
   (D) similar

   Ⓐ Ⓑ Ⓒ Ⓓ

10. Please let our secretary know when it is ------- for you to meet with us.
    (A) convergence
    (B) convertible
    (C) convenient
    (D) conventional

    Ⓐ Ⓑ Ⓒ Ⓓ

11. Blue-chip stocks dropped to all-time ------- on Monday.
    (A) highs
    (B) lows
    (C) downs
    (D) ups

    Ⓐ Ⓑ Ⓒ Ⓓ

12. That electronics company ------- a new wireless e-mail device.
    (A) pioneered
    (B) pioneering
    (C) pioneers
    (D) pioneer

    Ⓐ Ⓑ Ⓒ Ⓓ

13. Mr. Paulson has been ------- from his desk for an hour and no one knows where he has gone.
    (A) around
    (B) going
    (C) left
    (D) away

    Ⓐ Ⓑ Ⓒ Ⓓ

14. To speak ------- a customer service representative, please press "0".
    (A) out
    (B) for
    (C) with
    (D) at

    Ⓐ Ⓑ Ⓒ Ⓓ

15. The factory ------- a setback after a fire destroyed part of the building.
    (A) suffered
    (B) made
    (C) gave
    (D) needed

    Ⓐ Ⓑ Ⓒ Ⓓ

16. Bill's appointment with the manufacturer ------- scheduled for 9:00 Wednesday morning.
    (A) has
    (B) has been
    (C) have been
    (D) have

    Ⓐ Ⓑ Ⓒ Ⓓ

GO ON TO THE NEXT PAGE

Part V

17. Ms. Flores was promoted ------- landing the biggest account the company has ever had.
    (A) when
    (B) after
    (C) over
    (D) because

    Ⓐ Ⓑ Ⓒ Ⓓ

18. Economists are predicting a high job growth rate ------- the holiday season.
    (A) while
    (B) because
    (C) during
    (D) although

    Ⓐ Ⓑ Ⓒ Ⓓ

19. Ms. Hansen will ------- to Europe to meet with the CEO of the famous clothing chain.
    (A) fly
    (B) flying
    (C) flew
    (D) have flown

    Ⓐ Ⓑ Ⓒ Ⓓ

20. Mr. Dawson and Ms. Crayson will have a lunch meeting ------- the details of the new alliance.
    (A) discussed
    (B) discussion
    (C) have discussed
    (D) to discuss

    Ⓐ Ⓑ Ⓒ Ⓓ

21. The entire staff had to ------- the building after the earthquake.
    (A) exaggerate
    (B) evaporate
    (C) evacuate
    (D) eventuate

22. There are ------- people lining up in front of the department store for their annual half-price sale.
    (A) most
    (B) less
    (C) much
    (D) many

23. Please dispose of all cans and bottles ------- the recycling bin in the employee lounge.
    (A) in
    (B) at
    (C) on
    (D) from

24. The new receptionist is very friendly and down-to- -------.
    (A) town
    (B) floor
    (C) earth
    (D) ground

GO ON TO THE NEXT PAGE

Part V

25. The fog was so ------- that the truck driver missed the freeway exit.
    (A) wide
    (B) thick
    (C) cold
    (D) deep

    Ⓐ Ⓑ Ⓒ Ⓓ

26. Mr. Miller bought a tailored ------- from a famous Italian menswear shop.
    (A) suited
    (B) suitable
    (C) suits
    (D) suit

    Ⓐ Ⓑ Ⓒ Ⓓ

27. The trend for bookstores these days is to ------- an online presence.
    (A) being
    (B) be
    (C) have
    (D) has

    Ⓐ Ⓑ Ⓒ Ⓓ

28. The manager took inventory and then programmed the data ------- the database.
    (A) into
    (B) at
    (C) around
    (D) above

    Ⓐ Ⓑ Ⓒ Ⓓ

29. The ad campaign was very successful and ------- a lot of customers.
 (A) took out
 (B) brought in
 (C) put up
 (D) came down

30. After failing to get certification, Janice was forced to -------.
 (A) restore
 (B) remit
 (C) resign
 (D) reiterate

31. The serial ------- on the computer don't match the ones on the receipt.
 (A) spoons
 (B) bowl
 (C) box
 (D) numbers

32. The shipment arrived yesterday, but most of the items ------- damaged.
 (A) is
 (B) has been
 (C) was
 (D) were

Part V

33. Glen will quit his position at the company and ------- his own business.
    (A) be
    (B) open
    (C) search
    (D) pay

    Ⓐ Ⓑ Ⓒ Ⓓ

34. Ben has to work overtime in order ------- Thursday's deadline.
    (A) making
    (B) made
    (C) to make
    (D) make

    Ⓐ Ⓑ Ⓒ Ⓓ

35. Mr. Fulsome is with an important client and cannot be -------.
    (A) disturbed
    (B) distraught
    (C) disoriented
    (D) disbanded

    Ⓐ Ⓑ Ⓒ Ⓓ

36. A huge cinema complex will be built ------- the street from our office building.
    (A) across
    (B) beyond
    (C) under
    (D) around

    Ⓐ Ⓑ Ⓒ Ⓓ

37. The CEO was awarded a prize for his ------- to charity.
    (A) contributed
    (B) contribute
    (C) contributions
    (D) contributes

    Ⓐ Ⓑ Ⓒ Ⓓ

38. The boss said that it's ------- for all employees to attend tomorrow's meeting.
    (A) sedentary
    (B) mandatory
    (C) explanatory
    (D) sanitary

    Ⓐ Ⓑ Ⓒ Ⓓ

39. The government ------- to cut the deficit in half over the next few years.
    (A) can
    (B) want to
    (C) will
    (D) would like

    Ⓐ Ⓑ Ⓒ Ⓓ

40. The salesperson thought that ------- the hotel or the concert hall would be a good venue for the event.
    (A) an
    (B) both
    (C) either
    (D) neither

    Ⓐ Ⓑ Ⓒ Ⓓ

GO ON TO THE NEXT PAGE

Part VI

▶ Questions 41-52: Read the texts on the following pages. A word or phrase is missing in some of the sentences. Four answer choices are given below each of these sentences. You are to choose the one word or phrase that best completes the sentence.

Questions 41-43 refer to the following article.

Now is the perfect time to travel to the California coast. The weather is the most beautiful this time of year. Although it's possible to drive from Los Angeles to San Francisco through the middle of the state, most people prefer to take a more scenic route along the coast. You can also make ------- along the way.

41. (A) stopped
 (B) stops
 (C) stopping
 (D) stop

One of the most popular places along the coast is the quaint, seaside resort town of Carmel. Here you can stay at one of the many ------- bed and breakfast

42. (A) comfortable
 (B) compulsory
 (C) comestible
 (D) communist

inns, and take long walks along the white sandy beach in the morning. In ------- Monterey, you can play golf, or visit the famous aquarium there. So the

43. (A) close
 (B) nearby
 (C) next
 (D) soon

next time you take a vacation, consider California as your destination.

Questions 44-46 refer to the following article.

New York—Today the Hampton Corporation closed its doors ------- new

44. (A) follows
(B) following
(C) follow
(D) followed

allegations of fraud. Hampton CEO, Frank Butterick, was taken into ------- last

45. (A) customer
(B) custodian
(C) custody
(D) custom

week after it was discovered that the company had lied about its profit margin to bring in more investors. The new allegations state that the company neglected to reveal its tax risk to investors. Hampton had also evaded taxes for two years. To ------- Hampton's troubles, several banks are suing the company

46. (A) see to
(B) up to
(C) add to
(D) come to

for failure to pay its loans, which add up to $500 million. It's not known whether rival company Jervis will buy out Hampton, as CEO George Jervis stated that Hampton is a risk. The spokesperson for Jervis refused to comment on the rumored buyout.

Part VI

Questions 47-49 refer to the following letter.

Harrison Granger
Dawson Co.
1920 Wallace Drive
Springfield
Illinois

Dear Mr. Granger:

    I am writing ------ your ad for a sales director in the Springfield Times.
    47. (A) in response to
        (B) in regarding
        (C) in fashion
        (D) in favor of
Please consider my application for the position.
    Enclosed is my résumé, which highlights my ------ experience as a sales
        48. (A) broader
            (B) broadest
            (C) broad
            (D) broaden
director and manager for the Forsythe Company. As you are aware, the Forsythe Company is similar to your own company, so I am quite familiar with the business already. I have been working as their sales director for the ------
                49. (A) many
                      (B) before
                      (C) former
                      (D) past
ten years, and during that time, sales have increased tenfold. But recently, the company was sold to a huge conglomerate, so I am taking this opportunity to seek employment elsewhere.

    I am confident that I can make a huge contribution to the Dawson Company. Please look over my qualifications and see if I have what it takes. I can arrange an interview at your convenience. You may contact me by phone, e-mail or regular mail. I look forward to your response.

Sincerely yours,
Karen Watson

Enclosures

Questions 50-52 refer to the following e-mail message.

To: Ray Burns
From: Luiza Gomez
Subject: Ten year reunion

Hi Ray,

    I just wanted to let you know ------- next month, our former class from
50. (A) that
      (B) how
      (C) why
      (D) what
Ridgemont High School will be having an informal reunion. It will be on Saturday, the 15th, at the Northshore Hotel in the banquet room. So far, about 25 people from our group have responded and have said that they will attend. Five have declined. I've been keeping in ------- with most of the people from
51. (A) e-mail
      (B) call
      (C) feel
      (D) touch
our class by e-mail, but it'll be nice to see everyone together in person.
    By the way, we were thinking that it might be nice to have a Master of Ceremonies to ------- the evening up a bit. Would you be interested in doing
52. (A) lives
      (B) living
      (C) liven
      (D) live
that? Mary and Jason have agreed to sing and Carla will play the cello. Please let me know if you'd be available to be the MC.

Thanks and talk to you soon!

Cheers,
Luiza

模擬テスト ⑤

5回目の模擬テストに挑戦しましょう。
問題数は本試験と同じ52問です。
すべてを解ききる練習のため26分で解答しましょう。
10分単位で「残り時間」を表示します。

制・限・時・間
26分

Part V ……… 76
Part VI …… 86

正解・解説➡別冊72ページ

Part V

▶ Choose the one word or phrase that best completes each sentence.

1. Ecologists are worried that global warming may one ------- destroy the Earth's environment.
   (A) time
   (B) day
   (C) area
   (D) week

2. Mr. Xavier will ------- a hotel online for his trip.
   (A) go to
   (B) stay
   (C) book
   (D) try

3. Analysts say the economy should pick up ------- the next few years.
   (A) over
   (B) above
   (C) since
   (D) when

4. Ms. Canberry will be ------- greeting the guests at the conference.
   (A) in spite of
   (B) in front of
   (C) in back of
   (D) in charge of

5. Wendy had to work through the weekend in order to ------- the Monday deadline.
   (A) made
   (B) make
   (C) makes
   (D) making

6. Mr. Dennison will ------- lunch at his desk today because he is too busy to go out.
   (A) take it
   (B) eating
   (C) be having
   (D) eat in

7. The project was a huge success, ------- the boss gave everyone involved a raise.
   (A) when
   (B) so
   (C) for
   (D) if

8. Nuclear power ------- replaced by less dangerous forms of energy in the future.
   (A) should be
   (B) is
   (C) would
   (D) will

GO ON TO THE NEXT PAGE

Part V

9. The company gave its employees ------- incentives to work hard.
   (A) best
   (B) much
   (C) more
   (D) most

   Ⓐ Ⓑ Ⓒ Ⓓ

10. The manager held a brainstorming session with her employees to gather up new ideas to ------- business.
    (A) increase
    (B) increasing
    (C) have increased
    (D) increased

    Ⓐ Ⓑ Ⓒ Ⓓ

11. The power outage in the city was ------- a glitch in the computerized system.
    (A) needed to
    (B) made for
    (C) turned off
    (D) caused by

    Ⓐ Ⓑ Ⓒ Ⓓ

12. The website designer was ------- to create a better site for that government agency.
    (A) hire
    (B) hired
    (C) hires
    (D) hiring

    Ⓐ Ⓑ Ⓒ Ⓓ

13. The corporation was fined for committing ------- and substantial violations of federal law.
    (A) serious
    (B) seriousness
    (C) seriously
    (D) serious-minded

    Ⓐ Ⓑ Ⓒ Ⓓ

14. The gold credit card has no annual fees and low ------- rates.
    (A) interests
    (B) interested
    (C) interest
    (D) interesting

    Ⓐ Ⓑ Ⓒ Ⓓ

15. The manufacturer will take back any ------- items that are found in the shipment.
    (A) less
    (B) worse
    (C) more
    (D) faulty

    Ⓐ Ⓑ Ⓒ Ⓓ

16. Fraud is a serious issue ------- many large corporations these days.
    (A) aside
    (B) ahead
    (C) among
    (D) along

    Ⓐ Ⓑ Ⓒ Ⓓ

GO ON TO THE NEXT PAGE

Part V

17. The customers that had complaints couldn't reach the service department because the phone lines ------- disconnected.
    (A) is
    (B) has been
    (C) was
    (D) were

    Ⓐ Ⓑ Ⓒ Ⓓ

18. The candidate promised to reform the laws ------- protect small businesses.
    (A) what
    (B) that
    (C) where
    (D) if

    Ⓐ Ⓑ Ⓒ Ⓓ

19. A new high-rise will be built at the site where the museum once -------.
    (A) stands
    (B) standing
    (C) stand
    (D) stood

    Ⓐ Ⓑ Ⓒ Ⓓ

20. Jack made a presentation to the client that was three-hours -------.
    (A) ago
    (B) time
    (C) fast
    (D) long

    Ⓐ Ⓑ Ⓒ Ⓓ

21. The manager told Sylvia to take the rest of the day ------- because she didn't feel well.
    (A) over
    (B) off
    (C) on
    (D) ahead

22. ------- reviewing all the résumés, the personnel manager chose a few candidates to come in for interviews.
    (A) As a result
    (B) First
    (C) After
    (D) During

23. The sales department ------- a marketing survey in order to find new ways to expand the company's clientele.
    (A) have conducted
    (B) conducted
    (C) conducting
    (D) conduct

24. The secretary checked the invoice on the ------- to make sure that the manufacturer had sent the correct items.
    (A) shipment
    (B) basement
    (C) element
    (D) tenement

GO ON TO THE NEXT PAGE

Part V

25. The pilot announced that there ------- some mild turbulence during the flight.
    (A) are having
    (B) would have
    (C) are
    (D) would be

26. The newspaper editor changed the front page headline at the last ------- because the situation had suddenly changed.
    (A) month
    (B) week
    (C) minute
    (D) hour

27. The welfare recipients were ------- to get their checks today.
    (A) understated
    (B) unable
    (C) unstable
    (D) unwanted

28. The labor union went on ------- in front of the grocery store to demand better wages for their members.
    (A) selection
    (B) trial
    (C) hand
    (D) strike

29. Wayne will ------- candidates to fill the open position next week.
  (A) interview
  (B) interviewing
  (C) interviews
  (D) interviewed

  Ⓐ Ⓑ Ⓒ Ⓓ

30. The warranty states that consumers may take ------- items to the service center for refund or exchange.
  (A) elective
  (B) defective
  (C) emotive
  (D) active

  Ⓐ Ⓑ Ⓒ Ⓓ

31. The software detected a virus in the computer and quickly ------- it.
  (A) sedated
  (B) deleted
  (C) elated
  (D) belated

  Ⓐ Ⓑ Ⓒ Ⓓ

32. Please include at ------- two references on your résumé when applying for a position at our firm.
  (A) fewest
  (B) latest
  (C) least
  (D) best

  Ⓐ Ⓑ Ⓒ Ⓓ

GO ON TO THE NEXT PAGE

Part V

33. We can be contacted ------- phone, fax or e-mail, 24 hours a day, seven days a week.
(A) by
(B) on
(C) for
(D) from

　　　　　　　　　　　Ⓐ Ⓑ Ⓒ Ⓓ

34. Membership to the networking club is open to anyone ------- he or she is currently employed or not.
(A) whether
(B) if
(C) when
(D) since

　　　　　　　　　　　Ⓐ Ⓑ Ⓒ Ⓓ

35. Jake will meet our visitors in the lobby and then ------- them a 20-minute tour of our facilities.
(A) gives
(B) giving
(C) gave
(D) give

　　　　　　　　　　　Ⓐ Ⓑ Ⓒ Ⓓ

36. The system software should be ------- updated in order to protect the computer from viruses.
(A) really
(B) distinctively
(C) regularly
(D) only

　　　　　　　　　　　Ⓐ Ⓑ Ⓒ Ⓓ

37. Chris will ------- samples of the product at the trade convention.
(A) give in
(B) hand out
(C) put over
(D) fill out

38. The firm will hold a fundraising ------- at the end of the year.
(A) action
(B) event
(C) money
(D) bank

39. Ron made a reservation for the restaurant ------- the manager's name.
(A) under
(B) over
(C) around
(D) about

40. The seminar will feature keynote speeches by professionals in the computer -------.
(A) positions
(B) keyboard
(C) job
(D) industry

Part VI

▶ Questions 41-52: Read the texts on the following pages. A word or phrase is missing in some of the sentences. Four answer choices are given below each of these sentences. You are to choose the one word or phrase that best completes the sentence.

Questions 41-43 refer to the following memo.

MEMO

TO: Martin Scoffield
FROM: Kimberly Lew
SUBJECT: Resignation

Hi Marty,
　　With great -------, I am sending you this memo as notice of resignation from
　　　　41. (A) sadly
　　　　　　(B) proudly
　　　　　　(C) proud
　　　　　　(D) sadness
the Scoffield firm effective in one month. My last working day will be August 31. This has been an extremely difficult decision for me to make. But ------- the
　　　　　　　　　　　　　　　　　　　　　　　　　　　　　　　　　　42. (A) around
　　　　　　　　　　　　　　　　　　　　　　　　　　　　　　　　　　　　　(B) over
　　　　　　　　　　　　　　　　　　　　　　　　　　　　　　　　　　　　　(C) above
　　　　　　　　　　　　　　　　　　　　　　　　　　　　　　　　　　　　　(D) under
past year, I have been thinking about the future of my career, and ways to move ahead. After ten years with Scoffield, I felt that my chances of expanding my career would be better with a different firm. I ------- the firm that I believe
　　　　　　　　　　　　　　　　　　　　　　　　　　　43. (A) have found
　　　　　　　　　　　　　　　　　　　　　　　　　　　　　　(B) finding
　　　　　　　　　　　　　　　　　　　　　　　　　　　　　　(C) have been finding
　　　　　　　　　　　　　　　　　　　　　　　　　　　　　　(D) find
will help me to move up, and will start working there from the beginning of September. I have enjoyed my time with your firm, but feel it's time for me to go. I would be more than happy to help my replacement get used to the duties he or she will have here. Thanks so much for everything. I wish you and your firm all the best in the future.

Questions 44-46 refer to the following article.

LOS ANGELES—Hoping to provide its mobile users with more choices on their handheld devices, HandTel Inc. has designed a new combination handheld computer and mobile phone that has broadband ------- and a broad range of

44. (A) connects
(B) connect
(C) connected
(D) connectivity

media. Multimedia software is also included with this new handheld device, called the CarryAll, so users can ------- web pages, design graphics and so on

45. (A) update
(B) updates
(C) updating
(D) updated

in trains, cafés or just about -------. This new device is set to hit the market at

46. (A) anyone
(B) anyhow
(C) anywhere
(D) anytime

the end of the month. So far, pricing hasn't been decided. The company is hoping that this latest technology will put it one step ahead of its competitors. The device will be available in selected locations around the world, and over the Internet through the company's site.

Part VI

Questions 47-49 refer to the following letter.

Mr. Ron Gallagher
2890 Dristol Lane
Melbourne
Australia

Dear Mr. Gallagher:
    Thank you for your interest in purchasing ten of our fluorescent lamps for your shop.
    Unfortunately, the model number that you ordered, model 634 has been ------- and we only have three left in stock. I would like to suggest that you
47 (A) discontinue
     (B) discontinuing
     (C) discontinued
     (D) discontinues
substitute our newer model, 701 for model 634. The 701 model is the ------- to
          48. (A) more closer
               (B) most close
               (C) closer
               (D) closest
the 634 and is only a little bit more expensive. However, I am willing to sell you the 701 model for the same price as the 634. Please let me know if these terms would be acceptable to you.
    I apologize for not removing the 634 model from our catalog.
    I have enclosed a ------- that details the specs of the 701 model and has photos
         49. (A) pamphlet
            (B) piece
            (C) résumé
            (D) sector
as well.
    We really appreciate your patronage and hope you will continue shopping with Hanson Lighting.

Yours sincerely,
Kurt Hanson
Sales Director
Hanson Lighting

Questions 50-52 refer to the following e-mail message.

To: Ramon Vasquez
From: Lori Bellman
Subject: Trade show registration

Dear Mr. Vasquez,

Thank you for registering for a booth for the trade show through our website. This mail is to confirm that we received your request.
I'd like to confirm ------ you ordered for your booth: One display case, one

50. (A) when
(B) that
(C) where
(D) what

desk with two chairs, and one long table. Please let us know if this is ------.

51 (A) collect
(B) collection
(C) correct
(D) correction

Our booth rentals are $100 dollars a day, and with the additional items you've ordered, the total will come to $180 per day. We accept payment by credit card or personal check. Please remember that payment must be made ------ at

52. (A) by five till
(B) by quarter past
(C) in half
(D) in full

least ten days before the trade show. We will not refund your money if you cancel up to a week prior to it.
   We would also like to know if you'd like your booth in the east or west wing. We need this information by Friday of next week.
   Thanks very much.

Best regards,
Lori Bellman

模擬テスト ⑥

6回目の模擬テストに挑戦しましょう。
問題数は本試験と同じ52問です。
すべてを解ききる練習のため26分で解答しましょう。
10分単位で「残り時間」を表示します。

制・限・時・間
26分

Part V ⋯⋯ 92
Part VI ⋯⋯ 102

正解・解説 ➡ 別冊90ページ

Part V

▶ **Choose the one word or phrase that best completes each sentence.**

1. The judge ruled that the plaintiff did not have a ------- claim.
   (A) validness
   (B) validity
   (C) validate
   (D) valid

2. The duties ------- on the imported goods have been reduced.
   (A) impaled
   (B) imposed
   (C) imported
   (D) impressed

3. Mr. Schuler ------- the deed to the land to his son.
   (A) signed in
   (B) sign
   (C) signed over
   (D) sign up

4. The manufacturer makes clothes for people of every size and -------.
   (A) shaped
   (B) shapes
   (C) shape
   (D) shaping

5. The real estate broker invested in land that is practical ------- small park developments.
   (A) for
   (B) at
   (C) from
   (D) on

6. Ms. Rainier took the day off because she ------- the stomach flu.
   (A) was
   (B) needs
   (C) have
   (D) had

7. The government decided to increase ------- of the new banknotes.
   (A) circumfusion
   (B) circus
   (C) circumstance
   (D) circulation

8. Edward, at times, works to the ------- of exhaustion.
   (A) pointing
   (B) points
   (C) point
   (D) pointed

GO ON TO THE NEXT PAGE

Part V

9. The food manufacturer ------- all of its products as "all-natural".
   (A) gave
   (B) told
   (C) bought
   (D) labeled

   Ⓐ Ⓑ Ⓒ Ⓓ

10. The secretary overheard the manager's conversation ------- the client.
    (A) because
    (B) with
    (C) at
    (D) in

    Ⓐ Ⓑ Ⓒ Ⓓ

11. Ms. Deardon stared at the ------- document in disbelief.
    (A) create
    (B) send
    (C) wrote
    (D) false

    Ⓐ Ⓑ Ⓒ Ⓓ

12. Mr. Jones had some regrets about ------- his job to run his own business from home.
    (A) quitting
    (B) quit
    (C) quits
    (D) to quit

    Ⓐ Ⓑ Ⓒ Ⓓ

13. Ms. Edmonds made sure she ------- the mortgage agreement thoroughly before signing it.
(A) reads
(B) read
(C) reading
(D) will read

Ⓐ Ⓑ Ⓒ Ⓓ

14. There is no warranty on this used appliance, so buy it at your own -------.
(A) card
(B) time
(C) risk
(D) money

Ⓐ Ⓑ Ⓒ Ⓓ

15. Tom will fly to New York on business the day ------- tomorrow.
(A) to
(B) before
(C) during
(D) after

Ⓐ Ⓑ Ⓒ Ⓓ

16. ------- Robin had a difficult childhood, he overcame that to become a successful businessperson.
(A) Although
(B) Even
(C) As a result
(D) Despite

Ⓐ Ⓑ Ⓒ Ⓓ

GO ON TO THE NEXT PAGE

Part V

17. Terry will do volunteer ------- abroad over the summer.
    (A) works
    (B) working
    (C) worker
    (D) work

18. Unless we hear from you ------- ten days, we will have no other choice but to turn your account over to a collection agency.
    (A) within
    (B) without
    (C) through
    (D) throughout

19. The general manager regretfully accepted the supervisor's -------.
    (A) intention
    (B) regulation
    (C) resignation
    (D) condemnation

20. The letter ------- that the contract was modified by a change in terms.
    (A) acknowledgment
    (B) acknowledgeable
    (C) acknowledge
    (D) acknowledged

21. The shipment was unloaded at the docks and ------- customs officers.
    (A) inspect to
    (B) inspecting by
    (C) inspected by
    (D) inspects for

22. The corporation applied for a license to display their trademark at their ------- of business.
    (A) room
    (B) office
    (C) store
    (D) place

23. The consignee must maintain his own insurance ------- theft and damage.
    (A) by
    (B) for
    (C) with
    (D) by means of

24. The restaurant owner decided to ------- the business and retire early.
    (A) fold
    (B) folds
    (C) folding
    (D) folded

GO ON TO THE NEXT PAGE

Part V

25. The client was ------- to provide the manufacturer with adequate assurance for payment of the delivered goods.
    (A) understanding
    (B) uncertain
    (C) uninteresting
    (D) unable

26. The employee billed his firm the incurred ------- from the business trip.
    (A) exclamation
    (B) example
    (C) expectations
    (D) expenses

27. The event planning company ------- in 200 extra workers to help handle the workload at the event.
    (A) brought
    (B) bring
    (C) bringing
    (D) brought about

28. The cellular phone company ------- major technical problems during tests of its new phones last week.
    (A) entertained
    (B) enraged
    (C) encountered
    (D) encouraged

29. The product sold ------- the minute it hit the shelves.
    (A) around
    (B) out
    (C) in
    (D) over

30. A group of private ------- are acquiring the big conglomerate for 2.1 billion dollars.
    (A) invested
    (B) investor
    (C) investors
    (D) investing

31. ------- graduating, Lydia accepted a position at a prestigious law firm.
    (A) Because
    (B) After
    (C) Although
    (D) During

32. The deserted building ------- used as a warehouse distribution center from next year.
    (A) will be
    (B) would
    (C) was
    (D) has been

GO ON TO THE NEXT PAGE

Part V

33. There is heavy fog expected throughout the day, so drivers are warned to be cautious and drive -------.
    (A) away
    (B) slowly
    (C) quick
    (D) careful

34. John was very late this morning, so the boss gave him a warning not to do it -------.
    (A) again
    (B) over
    (C) once
    (D) more

35. After Mr. Kent visited the client, he ------- the plant to inspect the equipment.
    (A) stopped with
    (B) stopped by
    (C) stopped over
    (D) stopped for

36. The flight was redirected to Dallas ------- a storm that shut down Denver's airport.
    (A) since
    (B) for
    (C) due to
    (D) because

37. The employees worked ------- the holiday period in order to complete the project by the beginning of the year.
    (A) inside
    (B) out
    (C) at
    (D) through

    Ⓐ Ⓑ Ⓒ Ⓓ

38. Mr. Nelson was working so ------- overtime that he almost doubled his salary for the month.
    (A) very
    (B) many
    (C) much
    (D) a lot of

    Ⓐ Ⓑ Ⓒ Ⓓ

39. The customer agreed to arrange ------- possible to pay the bills by automatic bank withdrawal.
    (A) as far as
    (B) as low as
    (C) as high as
    (D) as soon as

    Ⓐ Ⓑ Ⓒ Ⓓ

40. Mary couldn't decide ------- to stay in her current position here or to accept the new offer from the other company.
    (A) when
    (B) whether
    (C) where
    (D) why

    Ⓐ Ⓑ Ⓒ Ⓓ

GO ON TO THE NEXT PAGE

Part VI

▶ Questions 41-52: Read the texts on the following pages. A word or phrase is missing in some of the sentences. Four answer choices are given below each of these sentences. You are to choose the one word or phrase that best completes the sentence.

Questions 41-43 refer to the following article.

LOS ANGELES—Multimedia company Rosedale, Inc. announced today that it has ------- its rival, Intertellicant Corp. for 60 million dollars. A spokesperson
   41. (A) acquainted
       (B) acquitted
       (C) acquired
       (D) acquiesced
for Rosedale told the press today that the company's takeovers will not stop at Intertellicant Corp. They are planning to take over two more media companies ------- the next fiscal year. The goal, the spokesperson added, is to
42. (A) between
    (B) over
    (C) to
    (D) under
------- make Rosedale the biggest multimedia firm in the world. When asked by
43. (A) event
    (B) eventful
    (C) eventual
    (D) eventually
a reporter if he thought the company was moving too quickly, the spokesperson said that "in the multimedia business, you have to be quick." Company president, Gail Rosedale, could not be reached for comment.

Questions 44-46 refer to the following e-mail massage.

To: Alice Porter
From: Gina Torrado
Subject: Your outsourcing services

Hi Alice,

    Thanks for coming to our office the other day ------- your outsourcing
44. (A) to explain them
    (B) to have explained
    (C) to explain
    (D) to be explaining
services. We are very interested in what you have to offer. I was speaking to a friend who works at a firm downtown, and he said that his firm may also be interested in seeing what you have to offer. I gave him your contact details, so he will be getting in touch with you shortly.

    As for us, we would like to meet with you one more time to discuss prices and availability. Please let me know when it would be convenient for you to meet with us. Our office will be closed from the 15th to the 20th for refurbishing, so I would like to meet you before or immediately -------. Please
45. (A) before
    (B) during
    (C) soon
    (D) after
call me tomorrow or Wednesday to set up an appointment.
    Thanks very much again and I look forward to ------- business with you.
46. (A) running
    (B) doing
    (C) taking
    (D) mending

Regards,
Gina

Part VI

Questions 47-49 refer to the following advertisement.

Now is your big chance to win the home of your dreams! Our national lottery starts tomorrow, and the winner will have three Grand Prizes ------- from.

    47. (A) choose
        (B) to choose
        (C) choosing
        (D) chose

Grand Prize #1 is a beach villa that's located right on Stansway Beach. This gorgeous villa has eight bedrooms, and a huge master suite. Grand Prize #2 is a mountain getaway. This house is located on many acres of land, so you can practically own your own farm. And Grand Prize #3 is a rare Victorian home located in the heart of the city. All these luxury homes are ------- at 2 million

    48. (A) bought
        (B) sell
        (C) costing
        (D) valued

dollars! To enter our lottery, just go to www.grandlottery.com and purchase a ticket. The tickets are only 50 dollars each, and the ------- go to local charities.

    49. (A) proceeds
        (B) prize
        (C) winner
        (D) support

Don't miss this chance to win your dream!

Questions 50-52 refer to the following memo.

TO: All Employees
FROM: Beth Ward
SUBJECT: Vacation schedules

As the summer months come upon us, it is time to decide the vacation schedules for each employee. We'd like to ------- a situation where the

50. (A) anoint
    (B) annoy
    (C) avoid
    (D) avow

employees all take time off at the same time. Therefore, I would like those who are planning to take a vacation to submit the dates they wish to ------- to me as

51. (A) hang up
    (B) turn over
    (C) put on
    (D) take off

soon as possible. If there are two or more employees that wish to take the same days off, I will give consideration to the request I received first. Therefore, it is important that you submit the dates to me promptly. We appreciate your understanding in this matter, as business for us is usually very good during the summer. We need ------- our work force during those months.

52. (A) retaining
    (B) retains
    (C) to retain
    (D) have retained

Please contact me if you have any questions about this policy. Thanks very much.

模擬テスト 7

7回目の模擬テストに挑戦しましょう。
問題数は本試験と同じ52問です。
すべてを解ききる練習のため26分で解答しましょう。
10分単位で「残り時間」を表示します。

制・限・時・間
26分

Part V ····· 108
Part VI ····· 118

正解・解説 ➡ 別冊108ページ

Part V

▶ Choose the one word or phrase that best completes each sentence.

1. The customer service representative had to ------- many complaints about the defective item.
   (A) harass
   (B) handle
   (C) hassle
   (D) hang on

2. Mr. Candor was ------- for the loan because he had a bad credit history.
   (A) turned over
   (B) turned off
   (C) turned on
   (D) turned down

3. Many new graduates are finding ------- harder to get good-paying jobs.
   (A) it
   (B) them
   (C) us
   (D) they're

4. The consultant can help those who are having trouble paying their bills lower their ------- credit payments.
   (A) softly
   (B) monthly
   (C) quickly
   (D) highly

5. Ms. Marner will ------- to the charitable event by selling her own baked goods.
   (A) contributed
   (B) contributing
   (C) contribute
   (D) contributes

6. The budget was not approved because the majority voted ------- it.
   (A) astride
   (B) against
   (C) amongst
   (D) around

7. The meeting will commence as soon as the chairman -------.
   (A) arrived
   (B) arriving
   (C) arrival
   (D) arrives

8. The website was ------- for a day after hackers attacked it.
   (A) above
   (B) down
   (C) over
   (D) away

GO ON TO THE NEXT PAGE

Part V

9. For a limited -------, the phone company is offering 50 percent off all long-distance calls.
   (A) areas
   (B) space
   (C) time
   (D) home

10. ------- seems to be a correlation between the unemployment rate and the crime rate.
    (A) There
    (B) They're
    (C) There's
    (D) There are

11. For better service, please fax or phone in your order ------- business hours only.
    (A) midst
    (B) across
    (C) except
    (D) during

12. After the CEO's departure from the company, its stock ------- more than six percent.
    (A) jump
    (B) jumped
    (C) jumps
    (D) jumping

13. The jury found in ------- of the plaintiff in the case.
   (A) account
   (B) time
   (C) favor
   (D) fraud

   Ⓐ Ⓑ Ⓒ Ⓓ

14. All of the companies in the airline industry ------- publicity stunts for an entire day.
   (A) put on
   (B) put over
   (C) put in
   (D) put away

   Ⓐ Ⓑ Ⓒ Ⓓ

15. The software maker will release the ------- version of their popular program as soon as the bugs are worked out.
   (A) brightest
   (B) most
   (C) latest
   (D) purest

   Ⓐ Ⓑ Ⓒ Ⓓ

16. The dealer is offering zero percent ------- on any new vehicle in the lot.
   (A) buying
   (B) viewing
   (C) driving
   (D) financing

   Ⓐ Ⓑ Ⓒ Ⓓ

GO ON TO THE NEXT PAGE

Part V

17. The government signed a bill that will address the problems ------- with the rapid growth of fraud on the Internet.
(A) associates
(B) associated
(C) associate
(D) associating

18. The customers are not satisfied ------- the service at the technical support center, so the company will restructure it.
(A) since
(B) till
(C) with
(D) upon

19. The candidate ------- no input on the housing problem during the debate.
(A) had
(B) hadn't
(C) is
(D) was

20. News reporters must make sure that they have ------- sources before reporting the news.
(A) insatiable
(B) pliable
(C) unable
(D) reliable

21. Ms. Bell has been missing deadlines for weeks so her job is definitely ------- jeopardy.
    (A) from
    (B) in
    (C) at
    (D) on

22. Injury and damage caused by any defective product are the sole ------- of the manufacturer.
    (A) responsibly
    (B) response
    (C) responsibility
    (D) responsible

23. A warranty guarantees that the maker will, without charge, repair or ------- defective parts.
    (A) replaced
    (B) replaces
    (C) replacing
    (D) replace

24. Jason decided to walk to work as a departure from his ------- habit of driving to work.
    (A) dual
    (B) usual
    (C) usually
    (D) residual

GO ON TO THE NEXT PAGE

Part V

25. The health department came by to inspect the restaurant the day before -------.
    (A) yesterday
    (B) tomorrow
    (C) now
    (D) today

    Ⓐ Ⓑ Ⓒ Ⓓ

26. The coupon entitles the bearer to 25 percent ------- all clothing items.
    (A) above
    (B) on
    (C) over
    (D) off

    Ⓐ Ⓑ Ⓒ Ⓓ

27. Ryan will follow in his father's ------- and join the armed forces after he graduates.
    (A) coat
    (B) footsteps
    (C) car
    (D) hat

    Ⓐ Ⓑ Ⓒ Ⓓ

28. Ms. Stevens will head the research team on the project and will ------- her own assistant.
    (A) appoints
    (B) appointment
    (C) appoint
    (D) appointing

    Ⓐ Ⓑ Ⓒ Ⓓ

29. Greta was so busy today ------- she had no time to have lunch.
    (A) however
    (B) because
    (C) that
    (D) which

30. The retail outlet reduced prices on certain items in their catalog for a ------- time.
    (A) limit
    (B) limited
    (C) limits
    (D) limiting

31. The newscaster provided running ------- on the tragedy during the hour-long broadcast.
    (A) race
    (B) comment
    (C) shoes
    (D) commentary

32. The supervisor asked Bill to take inventory of the stock and ------- an order.
    (A) put
    (B) place
    (C) try
    (D) buy

GO ON TO THE NEXT PAGE

Part V

33. The company is giving ------- free samples as part of a special sales campaign.
    (A) to
    (B) over
    (C) out
    (D) in

    Ⓐ Ⓑ Ⓒ Ⓓ

34. Scientists ------- many different fields will benefit from the new high-speed network.
    (A) for
    (B) from
    (C) to
    (D) without

    Ⓐ Ⓑ Ⓒ Ⓓ

35. Consumer ------- in the first quarter helped to raise the GDP.
    (A) spends
    (B) spent
    (C) spend
    (D) spending

    Ⓐ Ⓑ Ⓒ Ⓓ

36. Allen told his colleagues that he was ------- assign three people to handle the new account.
    (A) going to
    (B) seeing to
    (C) turning to
    (D) reading to

    Ⓐ Ⓑ Ⓒ Ⓓ

37. The artist will show her works at the gallery ------- the end of the month.
  (A) via
  (B) except
  (C) until
  (D) beside

38. ------- the weather report, it will rain all day today and tomorrow.
  (A) Ahead of
  (B) According to
  (C) Apart from
  (D) As compared with

39. Denise decided to change ------- and apply for a job with the state government.
  (A) careers
  (B) job
  (C) money
  (D) mind

40. Mark decided to ------- his part for the environment and carpool to work.
  (A) have
  (B) be
  (C) do
  (D) get

GO ON TO THE NEXT PAGE

Part VI

▶ Questions 41-52: Read the texts on the following pages. A word or phrase is missing in some of the sentences. Four answer choices are given below each of these sentences. You are to choose the one word or phrase that best completes the sentence.

Questions 41-43 refer to the following news article.

LOS ANGELES—Australia's ------- clothing retail chain, Ozwear, has
    41. (A) tallest
        (B) fewest
        (C) most
        (D) biggest
announced plans to open its first store in the U.S. by next summer. The company will open its flagship store in Los Angeles, and then plans to ------- to
    42. (A) turn up
        (B) branch out
        (C) buy out
        (D) close down
other major cities such as New York, San Francisco and Chicago before the end of next year.

    A spokesperson for Ozwear said that the company is confident that sales in the U.S. will be brisk, as consumers are spending more than their Australian counterparts. When asked if it feared heavy competition from major American clothing lines, the spokesperson commented that "Americans will appreciate the style and ------- of Aussie fashions."
    43. (A) comforting
        (B) comfortable
        (C) comfort
        (D) comforted
Judging its sales in its own country, analysts predict that Ozwear will also have a good long-term consumer base in the U.S.

Questions 44-46 refer to the following e-mail.

To: Shawn Wilson
From: Brian Miller
Subject: Thanks

Hi Shawn,

Thanks very much for helping me with the presentation to the Board of Directors the other day. Your help was very valuable. I was hoping that the presentation ------- go smoothly, and you were able to do just that.

    44. (A) can
        (B) will
        (C) must
        (D) would

I'll have to make a similar presentation to the sales team next week to present new sales strategies. Unlike the presentation to the board on new business strategies, this will be more detailed and comprehensive. It will also need to ------- the sales staff, so it should be a bit more upbeat than the

    45. (A) motivates
        (B) motivation
        (C) motivate
        (D) motivating

previous presentation.

I would love it if you could assist me with this presentation as well. If it's all right with you, I'd like to meet with you and discuss the matter. I'm free all day Wednesday and Friday this week. Please let me know what time would be ------- convenient for you.

46. (A) much
    (B) most
    (C) so
    (D) too

Thanks again and I look forward to hearing from you soon.

Regards,
Brian

Part VI

Questions 47-49 refer to the following letter.

Tim Connor
211 Gilborn Drive
Chicago
Illinois

Dear Mr. Connor,

    Thank you for writing to us and telling us your concerns about an unfair charge to your credit card -------- our company. I'm very sorry for the delay in
         47. (A) about
              (B) for
              (C) by
              (D) to
getting back to you. We have been reviewing your case.

    This seems to be the problem we have most frequently seen since we opened our online store in November. We sincerely apologize for any inconvenience it has caused you.

    We have discovered that no actual goods ------- to your residence, and have
                      48. (A) is sending
                          (B) are sent
                          (C) was sending
                          (D) were sent
therefore decided to refund the money charged to your credit card in full. We are also enclosing with this letter a $100 gift certificate that will allow you to purchase items on our site. We hope that you will accept this certificate with our sincere apologies.

    If you think you might be a victim of credit card -------, please contact the
                          49. (A) theft
                              (B) thief
                              (C) payment
                              (D) criminal
Bureau of Credit Card Fraud at 1-800-555-0389.
    Thanks very much for your understanding.

Sincerely,
Meredith Harwell
E-buy Inc.

Questions 50-52 refer to the following notice.

Thank you for visiting our online store. We obey all laws that have been put forth by the Privacy Act. Therefore, we would like to assure you that any information you have sent us through our site is kept ------- confidential and is

50. (A) strictly
(B) stricter
(C) strict
(D) strictest

never released to the public. It is stored in a secure database for our own purposes. We do, however, use cookies on the site in order ------- our users

51. (A) identified
(B) identifying
(C) to identify
(D) is identifying

and facilitate their future visits. You may choose not to accept these cookies by setting your browser. Please note that any attempts to alter our site in any way is illegal and ------- punishable by law. Any misuse of this site and its contents

52. (A) instead
(B) yet
(C) therefore
(D) conversely

will be reported immediately to law enforcement officials.

☑文法・語法チェックポイント

本書の模擬テストに出た項目のうち、TOEICによく出る重要ポイントを一覧にまとめました。試験前の直前対策に利用しましょう。

● 模擬テスト1

☐ leave O C 「OをCの状態にする」
The earthquake had **left** hundreds of people homeless.
(その地震のために、何百人という人が家を失った)

☐ have no idea + of/that節もしくは疑問詞節 「〜を何も知らない」
Louis **had no idea that** the boss was planning to promote her.
(ルイーズは上司が彼女を昇進させようとしていることを全然知らなかった)

☐ have trouble Ving 「Vするのに苦労する」
The real estate agent **had trouble** sell**ing** the building and had to lower the price.
(不動産業者はその建物がなかなか売れないので、価格を下げなければならなかった)

☐ be forced to V 「Vせざるを得ない」
▶ ＜force＋O＋to V＞（OにVすることを強制する）の受け身の形。
The restaurant **was forced to** close its doors after a fire destroyed the kitchen.
(そのレストランは火事で厨房が焼け崩れたので、閉店せざるを得なかった)

☐ be subject to〜 「〜の効力を受ける」
When using our services, you shall **be subject to** any posted guidelines applicable to such services.
(私どものサービスをご利用になる際には、同種のサービスに適用される公式のガイドラインに従っていただきます)

☐ let go of〜 「〜を手放す」
It's not clear why LastSoft **is letting go of** its gaming division, but analysts speculate that the company is planning to reach into other areas of the sector.
(ラストソフト社がゲーム部門を手放そうとしている理由は明らかではないが、同部門の他の分野への参入を計画しているのではないかと専門家は見ている)

☑ 文法・語法チェックポイント

● 模擬テスト２……………………………………………………………………

☐ **現在完了と過去を表す表現**
　▶現在完了は過去の一時期を表す言葉（ここではyesterday）と共に使うことはできない。
　The government <u>issued</u> travel warnings yesterday for three countries.
　　　　　　　　×has issued
　（政府は昨日、3カ国に対して渡航警告を発した）

☐ **比較級 more than (ever) before「かつてないほどの〜」**
　New technology has made it possible for human beings to acquire **more** wealth **than ever before**.
　（新しい技術は、人類がかつてないほどの豊かな富を獲得することを可能にしている）

☐ **let 〜 V 「〜にVさせる」**
　Ms. Garcia is holding a meeting for new recruits in order to **let** them **know** about the company's policies.
　（ガルシアさんは、会社の方針を知ってもらおうと、新入社員のために会議を開いている）

☐ **助動詞 + have + Vpp**
　▶過去の出来事を推量したり、後悔したりする場合に使う。cannot have Vppで「Vしたはずがない」。
　She **cannot have been** sick in bed yesterday; I saw her at the office.
　（彼女が昨日病気で寝ていたはずはない。というのも会社で彼女を見たからだ）

☐ **from now on 「これから先」**
　The firm decided to use outsourcing **from now on** to cut costs.
　（その会社はコストを削減するために以後アウトソーシングを利用することにした）

☐ **move up 「昇進する；出世する」**
　The purpose of this conference is to encourage women to **move up** in the workplace or in their careers.
　（この会議は、職場や職歴における女性の昇進を促進することを目的としております）

☐ **call a meeting 「会合を招集する」**
　I would like to **call a** managers' **meeting** at 7:00 p.m. on August 14 in the banquet room to discuss this.
　（この件について話し合うためのマネージャー会議を、8月14日の午後7時に宴会場で行いたい）

● 模擬テスト３

☐ **on behalf of ～** 「～のために；～を代表して」
On behalf of the entire staff, I would like to welcome you to our company.
（スタッフ全員を代表して、あなたを我が社に喜んで迎えたいと思います）

☐ **lately** 副「最近」
▶**late**（遅い［形容詞］；遅く［副詞］）と区別すること。
Carol has been very tired **lately** and is finding it hard to concentrate on her work.
（キャロルは最近疲れ気味で、なかなか仕事に集中できないでいる）

☐ **非制限用法の関係代名詞 which**
▶前にコンマを置いて、**which** が前の文全体を先行詞とする。
The economic numbers revealed were very strong, <u>which</u> was very encouraging, but the economy is still not out of trouble yet.
（発表された経済指標は上向きで、それが非常に楽観的な材料となっていたが、経済はまだ苦境を脱していない）

☐ **stop by ～** 「～に立ち寄る」
Ken **stopped by** the bank this morning and deposited some money into his account.
（ケンは今朝、銀行に立ち寄って、彼の口座にお金を預けた）

☐ **neither A nor B** 「AもBも…ない」
▶AとBの両方を否定する言い方。**not either A or B** も同じ意味になる。
James was interested in **neither** insurance **nor** a retirement fund from the company.
（ジェームズは会社から支給される保険にも退職基金にも関心がなかった）

☐ **go down** 「（機械システムやネットワークなどが）落ちる；動作しなくなる」
The network **goes down** at the same time every day.
（ネットワークは、毎日同時に不通になります）

☐ **draw up** 「（文書やリストなどを）作成する」
Please **draw up** an estimate for us.
（見積書をお作りください）

☑ 文法・語法チェックポイント

● 模擬テスト4 ･･･

☐ **be likely to V** 「Vする可能性が高い」
Office workers **are** more **likely to** suffer from job stress than factory workers.
(事務労働者の方が、工場労働者よりも仕事のストレスを受ける可能性が高い)

☐ **be unable to V** 「Vすることができない」
▶反対の意味を持つ be able to と同様、後に続くのは動詞の原形。
The shop clerk **was unable to** change the customer's 100-dollar bill.
(その店員は、客の100ドル札を小銭にすることができなかった)

☐ **be away from ～** 「～から離れている；その場にいない」
Mr. Paulson has **been away from** his desk for an hour and no one knows where he has gone.
(ポールソンさんは1時間ほどデスクを離れているが、だれも彼がどこへ行ったのか知らない)

☐ **most of ～** 「～のほとんど」
▶most of ～は～が複数であれば複数として、単数や不可算名詞の場合は単数として処理する。
The shipment arrived yesterday, but **most of** the items were damaged.
(その積み荷は昨日到着したが、その商品のほとんどが損傷を受けていた)

☐ **across** 前「～を渡ったところに」
A huge cinema complex will be built **across** the street from our office building.
(巨大な総合映画館が我が社の建物から通りを挟んだ向い側に建設される)

☐ **either A or B** 「AかBのどちらか」
The salesperson thought that **either** the hotel **or** the concert hall would be a good venue for the event.
(その販売員は、そのイベントにはホテルかコンサートホールのどちらかが適切な開催場所だろうと思った)

☐ **keep in touch with ～** 「～と連絡をとり続ける」
I've been **keeping in touch with** most of the people from our class by e-mail.
(私はクラスのほとんどの人とメールで連絡を取り続けています)

● 模擬テスト 5

□ **over** 前「(期間が)〜にわたって」
Analysts say the economy should pick up **over** the next few years.
(アナリストたちは、経済がこれから数年にわたって上向きになるはずだと言っている)

□ **be in charge of 〜** 「〜を担当している」
Ms. Canberry will **be in charge of** greeting the guests at the conference.
(キャンベリーさんは、その会議で招待客への挨拶を担当するだろう)

□ **in order to V** 「Vするために」
Wendy had to work through the weekend **in order to** make the Monday deadline.
(ウェンディは月曜の締め切りに間に合うように、週末中ずっと働かなければならなかった)

□ **at the last minute** 「時間ギリギリになって」
The newspaper editor changed the front page headline **at the last minute** because the situation had suddenly changed.
(その新聞の編集者は最後の最後になって一面の見出しを変更したが、それは状況が突然変わったからだ)

□ **whether** 「〜かどうか」
▶ whether は譲歩を表す副詞節の働きがある。if は「〜かどうか」の意味では know や ask などの目的語として名詞節の働きしかない。
Membership to the networking club is open to anyone **whether** he or she is currently employed or not.　　　　　　　　　　× if
(そのネットワーク・クラブのメンバーには、現在社員かどうかにかかわらず、だれでもなることができる)

□ **関係代名詞の what** 「SがVすること、もの」
I'd like to confirm **what** you ordered for your booth: One display case, one desk with two chairs, and one long table.
(ブースへのご注文内容をご確認したいと思います：陳列ケース1点、机1点とイス2脚、長テーブル1点です)

☑ 文法・語法チェックポイント

● 模擬テスト6

☐ **impose A on B** 「AをBに課する」
The duties **imposed on** the imported goods have been reduced.
(その輸入品にかけられる関税は下げられている)

☐ **to the point of 〜** 「〜の程度まで」
Edward, at times, works **to the point of** exhaustion.
(エドワードはときどき疲れ切るまで仕事をする)

☐ **the day after tomorrow** 「あさって」
▶「一昨日」は the day before yesterday と言う。
Tom will fly to New York on business **the day after tomorrow**.
(トムはあさって、仕事でニューヨークに飛ぶはずだ)

☐ **work** 名「作品(可算名詞);仕事(不可算名詞)」
Terry will do volunteer **work** abroad over the summer.
(テリーは夏の間、海外でボランティア活動をするつもりだ)

☐ **sell out** 「売り切れる」
The product **sold out** the minute it hit the shelves.
(その製品は、発売されたとたんに売り切れた)

☐ **due to 〜** 「〜という理由で」
The flight was redirected to Dallas **due to** a storm that shut down Denver's airport.
(その便はデンバー空港を閉鎖させた嵐のため、ダラスに向かった)

☐ **副詞は動詞を修飾する**
Mr. Nelson was working so <u>much</u> overtime that he almost doubled his salary for the month.　　　✕ many / a lot of
(ネルソン氏はとてもたくさん残業をして、その月の給料をおよそ2倍にした)

☐ **as 〜 as possible** 「できるだけ〜に」
The customer agreed to arrange **as** soon **as possible** to pay the bills by automatic bank withdrawal.
(その客は銀行の自動引き落としで支払いをできるだけ早く準備することに同意した)

● 模擬テスト7

□ **turn down** 「拒否する」
Mr. Candor was **turned down** for the loan because he had a bad credit history.
(キャンドールさんは信用履歴がよくなかったため、ローンを拒否された)

□ **find it C to V** 「VすることがCであると気づく」
▶ **find O C**と続けて「OがCであると気づく」という意味だが、Oの部分にto不定詞を置きたい場合にはまず**it**を置いて**to**不定詞は後ろに回す。
Many new graduates are **finding it** harder **to** get good-paying jobs.
(新卒者の多くが、給料のよい職に就くのが以前よりも難しくなっていると思い始めている)

□ **against** 前「〜に反対で」
▶「〜に賛成で」は前置詞**for**で表す。
The budget was not approved because the majority voted **against** it.
(その予算案は過半数が反対したので認められなかった)

□ 時を表す副詞節→未来のことも現在形で
The meeting will commence <u>as soon as</u> the chairman <u>arrives</u>.
(会議は議長が到着次第、始まるだろう)

□ **in favor of 〜** 「〜に有利に(な)」
The jury found **in favor of** the plaintiff in the case.
(陪審団はその訴訟事件で原告に有利な評決を下した)

□ **associate A with B** 「AをBに関係させる」
The government signed a bill that will address the problems **associated with** the rapid growth of fraud on the Internet.
(政府は急速に増えているインターネット詐欺に関連した問題に取り組む法案に署名した)

□ **be satisfied with 〜** 「〜に満足している」
▶**satisfy**は「満足させる」という意味。
The customers **are** not **satisfied with** the service at the technical support center, so the company will restructure it.
(顧客は技術サポートセンターのサービスに満足していないので、その会社はそれを立て直すだろう)

□ **entitle + O + to〜** 「Oに〜に対する権利・資格を与える」
The coupon **entitles** the bearer **to** 25 percent off all clothing items.
(そのクーポン券を持ってきた人には、衣類の全商品が25パーセント引きになる)

☑ 文法・語法チェックポイント

☐ **follow in ~'s footsteps** 「~の跡を継ぐ」
Ryan will **follow in** his father**'s footsteps** and join the armed forces after he graduates.
(ライアンは父親の跡を継いで、大学卒業後に軍隊に入るつもりだ)

☐ **give out** 「配布する」
The company is **giving out** free samples as part of a special sales campaign.
(その会社は特別販売キャンペーンの一部として、無料サンプルを配っている)

☐ **until** 前接 「~まで」
▶継続した動作の終わりを示す前置詞はuntil / till。untilは接続詞としても使える。
The artist will show her works at the gallery **until** the end of the month.
(その画家は月末まで画廊で作品を展示する)

☐ **according to ~** 「~によれば」
According to the weather report, it will rain all day today and tomorrow.
(天気予報によれば、今日と明日は一日中雨のようだ)

☐ **branch out** 「事業を拡大する」
The company will open its flagship store in Los Angeles, and then plans to **branch out** to other major cities such as New York, San Francisco and Chicago before the end of next year.
(同社はロサンゼルスに本店を開き、その後来年末までに、ニューヨーク、サンフランシスコ、シカゴなど他の主要都市に出店する予定である)

☐ **need to V** 「Vする必要がある」
▶needの直後に動名詞を置き、need Vingとすると「Vされる必要がある」という受動的な意味になる。
It will also **need to** motivate the sales staff, so it should be a bit more upbeat than the previous presentation.
(営業スタッフの意欲を高めることも必要になるので、前回のプレゼンテーションよりも少し明るい感じにすべきでしょう)

●著者紹介

安河内哲也 Tetsuya Yasukochi

東進ビジネススクール講師、言語文化舎代表。中学生から社会人まで、あらゆる世代の3万人を超える人々に、衛星放送などのメディアを通じて英語を教えている。帰国子女でも留学経験者でもないが、TOEIC4分野すべて満点をはじめ、国連英検特A級、英検1級、通訳案内業など10以上の英語資格を取得。独自のメソッドをつめこんだ熱い講義は、多くの人々から絶賛されている。『できる人の勉強法』(中経出版)、『英単語FORMULA1700』(東進ブックス)、『新TOEIC TEST英文法スピードマスター』『ゼロからスタート 英文法』『ゼロからスタート リスニング』(以上、Jリサーチ出版)ほか、大学受験用参考書を中心に著書多数。

ホームページ：http://www.yasukochi.jp

魚水　憲 Ken Uomizu

宮崎市出身。東京大学文学部卒業。卒業と同時に雑誌記事、論文などの英文翻訳に携わり、これまでに企業PR誌の英語版執筆・編集、CD解説の和英・英和の翻訳、TOEFL・TOEICなど英語通信教育教材の執筆・監修、英語辞書の執筆・編集、大学入試問題の作成など、英語関係のさまざまな仕事に従事。また教育関係でも東京都内の塾で30年近く大学受験生の指導を続けている。訳書に『ノラ・ロフツ作品集Vol.3　満ち足りた気持ちで』『ノラ・ロフツ作品集Vol.5　影の住む家』(いずれも教育プラン社)。

英文問題作成	Vicki Glass
英文問題校正	Brian Maitland
編集協力	大澤せおり
カバーデザイン	滝デザイン事務所

新TOEIC® TEST 英文法・語法問題集

平成18年(2006年)12月10日	初版第1刷発行
平成25年(2013年)5月10日	第10刷発行
著　者	安河内哲也／魚水 憲
発行人	福田 富与
発行所	有限会社 Jリサーチ出版
	〒166-0002 東京都杉並区高円寺北2-29-14-705
	電話 03(6808)8801(代)　FAX 03(5364)5310(代)
	編集部 03(6808)8806
	http://www.jresearch.co.jp
印刷所	㈱シナノパブリッシングプレス
DTP	江口うり子(A.P.P.)

ISBN978-4-901429-40-5　禁無断転載。なお、乱丁・落丁はお取り替えいたします。

New Version対応

新TOEIC® TEST 英文法・語法問題集

正解と解説

Jリサーチ出版

TOEIC is a registered trademark of Educational Testing Service（ETS）.
This publication is not endorsed or approved by ETS.

模擬テスト
正解と解説

模擬テスト1
　Part V ⋯⋯⋯⋯⋯⋯⋯⋯⋯ 2
　Part VI ⋯⋯⋯⋯⋯⋯⋯⋯⋯ 12

模擬テスト2
　Part V ⋯⋯⋯⋯⋯⋯⋯⋯⋯ 20
　Part VI ⋯⋯⋯⋯⋯⋯⋯⋯⋯ 30

模擬テスト3
　Part V ⋯⋯⋯⋯⋯⋯⋯⋯⋯ 38
　Part VI ⋯⋯⋯⋯⋯⋯⋯⋯⋯ 48

模擬テスト4
　Part V ⋯⋯⋯⋯⋯⋯⋯⋯⋯ 56
　Part VI ⋯⋯⋯⋯⋯⋯⋯⋯⋯ 66

模擬テスト5
　Part V ⋯⋯⋯⋯⋯⋯⋯⋯⋯ 72
　Part VI ⋯⋯⋯⋯⋯⋯⋯⋯⋯ 82

模擬テスト6
　Part V ⋯⋯⋯⋯⋯⋯⋯⋯⋯ 90
　Part VI ⋯⋯⋯⋯⋯⋯⋯⋯⋯ 100

模擬テスト7
　Part V ⋯⋯⋯⋯⋯⋯⋯⋯⋯ 108
　Part VI ⋯⋯⋯⋯⋯⋯⋯⋯⋯ 118

模擬テスト 1

Part V

1. **正解：(C)**
   - **訳** 経営者が引退した際、私たちは彼に敬意を表して祝宴を催した。
   - **解説** 単語の問題です。(A)のrealizeは「認識する」「実現する」、(B)のrentは「賃借する」、(D)のresearchは「調査する」という意味で、いずれも文意に合いません。(C)のretireは「引退する」という意味で、祝宴を開く理由として適当だと判断します。

   ☐ manager　　　名 経営者　　　☐ hold a party　　パーティーを催す
   ☐ in one's honor　　～に敬意を表して

2. **正解：(B)**　　　　　　　　　　　　　　　　　　　　　　　　基礎
   - **訳** 今日、アボット氏からコメントをもらおうと思ったが、連絡がとれなかった。
   - **解説** 動詞の形の問題です。**couldの後は必ず動詞の原形が来る**ので、正解はすぐに分かるでしょう。ここでのreachは「～に連絡をとる」という意味。for commentのforは「～を求めて」という意味の前置詞です。

   ☐ comment　　　名 コメント；意見　　☐ reach　　　～に連絡をとる

3. **正解：(D)**
   - **訳** アナリストたちは、ドルが次週までに上がるだろうとあらかじめ予測していた。
   - **解説** 時制と動詞の関係が問われています。**主節の動詞が過去完了なので、予測していたのは、過去のある時点よりも前のことだと考えて「もっと前に」のearlierを選びます**。so thatは「目的」あるいは「結果」を表す構文で、ここでは意味が通じません。that節はpredictの目的語になる節です。

   ☐ analyst　　　名 アナリスト　　　☐ predict　　　動 予測する
   ☐ appreciate　　動 上がる

4. **正解：(D)**　　　　　　　　　　　　　　　　　　　　　　　　頻出
   - **訳** キニーさんはすでにその職の申込用紙を提出して、今は会社からの返事を待っているところだ。
   - **解説** 単語の問題です。herは所有格で名詞が続きます。(A)は形容詞、(B)は動詞で意味をなしません。(C)のapplicantは「申込者」という意味で、文意に合いません。(D)のapplicationは「申し込み（用紙）；願書」という意味です。turn inは「提出する」。

   ☐ turn in　　　～を提出する　　☐ reply　　　名 返事

5. **正解：(A)**
   - **訳** 急な天候の変化のために、今季のシトラスの収穫高はごくわずかである。
   - **解説** 時制と数の問題です。主語はchangesと複数なので動詞をそれに合ったものにします。また動詞のcontribute toは「〜の一因となる」という意味で、ここでは受動態にはできないのでbe動詞を使った(C)や(D)は不適です。
   - ☐ sudden　形 突然の　☐ contribute to〜　〜に貢献する；〜の一因となる
   - ☐ scarcity　名 わずかであること（＜scarce）

6. **正解：(B)**
   - **訳** ポールが新しいパソコンを買ったのは、彼のもう1台のパソコンが時代遅れだったからだ。
   - **解説** 単語の問題です。(A)のoutnumberは「〜よりも多い」という意味の動詞です。(C)のoutwardは「外側の（に）」という形容詞・副詞、(D)のoutgoingは「社交的な」という形容詞で、いずれも文脈に合いません。outdatedは「時代遅れの」という意味の形容詞です。
   - ☐ model　名 型

7. **正解：(A)**　　　　　　　　　　　　　　　　　　　　　　　　　基礎
   - **訳** その地震のために、何百人という人が家を失った。
   - **解説** 動詞の用法の問題です。＜leave O＋C＞で「OをCの状態にする」となります。何百人の人々がどうなったのかを考えると分かりやすいでしょう。moved outは意味からはよさそうですが、この位置に過去形が来ることはありません。vacantは「（容器などが）空の」という意味なので不適当です。
   - ☐ earthquake　名 地震　☐ hundreads of〜s　何百もの〜

8. **正解：(D)**　　　　　　　　　　　　　　　　　　　　　　　　　頻出
   - **訳** プレゼンテーションの前に、エンジニアたちは新しい建築計画の戦略について話し合うために集まった。
   - **解説** ポイントは2個所。まずこのtoは不定詞を導くものなので動詞は原形を使います。またa strategyの前に前置詞がないので、選ぶのは他動詞になります。talkはaboutが必要です。なおmetはここでは「集まった」という意味です。
   - ☐ presentation　名 プレゼンテーション　☐ strategy　名 戦略

Part V

9. 正解：(C)
    - 訳 ルイーズは上司が彼女を昇進させようとしていることを全然知らなかった。
    - 解説 語法の問題です。have no idea は後ろに of／that 節、疑問詞節が続くと「～を何も知らない」という意味になります。time、money、way は動詞 have の目的語にはなりますが、意味の上で後ろの that 節とつながりません。
    - ☐ promote 動 昇進させる

10. 正解：(A)
    - 訳 ほとんどの銀行の現金自動預払機はすべての取引を迅速かつ能率的に処理できる。
    - 解説 品詞と意味の問題です。空所に入るのは副詞でなければならないので、(C)と(D)の形容詞は不適。(B)の early は「(時期が)早く」という意味で文脈に合いません。
    - ☐ ATM (=automated teller machine) 名 現金自動預払機
    - ☐ handle 動 処理する　☐ transaction 名 取引

11. 正解：(C)
    - 訳 人事部長は3日間の販売イベントにアルバイトを雇おうとしている。
    - 解説 単語の問題です。repeat は「繰り返す」、recline は「寄りかかる；もたせかける」、recreate は「気晴らしをする；休養する(させる)」という意味で、いずれも文意が通じません。recruit は「(新人・新会員を)募集する」という意味です。
    - ☐ human resources 人事(部)　☐ director 名 部長
    - ☐ temp 形 臨時雇いの

12. 正解：(D)
    - 訳 3枚綴りの書類に記入して、それを正面窓口に提出してください。
    - 解説 単語の問題です。fill out は「(書類など)に記入する」という意味で、その書類をどうするかを考えます。(A)の enter は「～に入る」、(B)の input は「～を入力する」、(C)の renew は「～を新しくする」という意味です。
    - ☐ fill out （書類などに）記入する
    - ☐ front office 正面窓口
    - ☐ in triplicate 同文で3通作って

13. 正解：(B)　　　　　　　　　　　　　　　　　　　　　　　　盲点

訳 政府は予算の黒字をすべて防衛費に使ったので、今は税金を上げなければならない。

解説 動詞の用法の問題です。spendは金額を目的語として、「～を費やす」という意味になります。そのとき消費先はonやforで表します。なお、spendの目的語が時間のときは、前置詞はonになるか、＜spend＋時間＋Ving＞の構文をとります。

- [ ] entire　　　形 全体の　　　　　　[ ] budget　　　名 予算
- [ ] surplus　　名 余り；黒字　　　　[ ] defense　　名 防衛

14. 正解：(B)　　　　　　　　　　　　　　　　　　　　　　　　頻出

訳 社員は全員タイムカードを使うようにと従業員マニュアルに書いてあるにもかかわらず、ジョージは出勤時と退出時に決してタイムカードを押さなかった。

解説 品詞と意味の問題です。文意から「～にもかかわらず」という逆接を表す単語を選びます。ここでは次にthe factという名詞が来るので前置詞を選ぶことになります。(D)のalthoughは逆接の意味がありますが、接続詞なので、次に＜主語＋動詞＞を伴わなければならず、ここでは使えません。

- [ ] state　　　　　　動 述べる　　　　　　[ ] handbook　　名 マニュアル
- [ ] punch in/out　（出勤時に／退出時に）タイムカードを押す

15. 正解：(A)

訳 ヘネマンさんは父親の葬儀に出なければならないので、今日はきっと出勤できなかったのだろう。

解説 人称代名詞の格の問題です。HennemanにはMr.が付いているので男性です。その父親と考えてhisを入れます。father'sと所有格になっていることには関係ありません。make itは「都合をつける」くらいの意味です。

- [ ] attend　　　　動 ～に出席する　　　[ ] funeral　　名 葬式
- [ ] obviously　　副 明らかに　　　　　[ ] make it　　都合をつける

16. 正解：(C)

訳 私たちはパトリック・バーンズが「年間最優秀社員賞」をもらったことに対してお祝いの言葉を述べたい。

解説 動詞の用法の問題です。congratulateは人を目的語にして、「～に祝いの言葉を述べる」という意味ですが、お祝いの内容はforあるいはonで表します。

- [ ] congratulate　　動 お祝いを言う　　　[ ] award　　名 賞

Part V

17. 正解：(A)

訳 天気予報では、今日は曇り時々雨、明日は晴れ時々曇りになっている。

解説 単語の問題です。forecast は「予報」で、ここでは天気予報のことです。(B) の isolate は「孤立させる」、(C) の prorate は「比例配分する」、(D) の inaugurate は「開業する」という意味で、いずれも文意に合いません。predict は「予言する；予報する」という意味です。

- ☐ forecast　　名 予報　　　　☐ period　　　名 期間
- ☐ pass　　　　動 通過する

18. 正解：(B)

訳 その会社は今までで最小となる新しい携帯用コンピュータを販売することを決断した。

解説 動詞の意味の問題です。launch はもともと「（船を）進水させる；（ロケットを）打ち上げる」という意味ですが、そこから「（事業に）乗り出す；（売り出しを）始める」という意味もあります。ここでは目的語が computer なので「（売り出しを）始める」という意味です。

- ☐ decide to V　　V することを決心する　　☐ portable　　形 携帯用の

19. 正解：(A)　　　　　　　　　　　　　　　　　　　　　　　　基礎

訳 最新の企業収益報告の総括が、明日の朝、新聞に発表される。

解説 助動詞と態の問題です。主語が roundup なので、publish（発表する）という動詞を使うためには be published と受け身の形にしなければなりません。さらに、tomorrow morning は未来のことなので未来形の表現が必要です。ここではすでに決定している未来のことなので現在形も使えます。

- ☐ roundup　　名 総括　　　　☐ latest　　　形 最新の
- ☐ earning　　名 利益

20. 正解：(D)　　　　　　　　　　　　　　　　　　　　　　　　頻出

訳 不動産業者はその建物がなかなか売れないので、価格を下げなければならなかった。

解説 文全体の意味を問う問題です。文後半の lower the price は「価格を下げる」という意味なので、前半は「売るのが困難」と考えて trouble を選びます。have trouble doing で「～するのに苦労する」という意味です。同じような意味を have difficulty (in) doing でも表せます。

- ☐ real estate　　不動産　　　　☐ agent　　　名 業者；代理店
- ☐ lower　　　　動 下げる

21. 正解：(C)

訳 その会社の新しいエンジン設計では、二酸化炭素の排出量を50パーセント減らせる。

解説 単語の問題です。cutという動詞には「削減する」という意味があります。またbyという前置詞は差を表すことができ、cut 〜 by ... percentで「〜を…パーセント削減する」という意味を表すことができます。

☐ design　名 設計　　　　　☐ emission　名 排出

22. 正解：(C) 〔頻出〕

訳 そのレストランは火事で厨房が焼け崩れた後、閉店せざるを得なかった。

解説 動詞の問題です。forceは＜force＋O＋to V＞で「Oに〜することを強制する」という意味ですが、**be forced to V**で熟語として「**Vせざるを得ない**」と覚えておくと便利です。空所には動詞の原形が入ります。

☐ force　動 強いる　　　　☐ fire　名 火事
☐ destroy　動 破壊する

23. 正解：(C)

訳 サラは一番人気のあるソフトを彼女のコンピュータにインストールしている。

解説 形容詞の問題です。software applicationsは日本語でいう「パソコンソフト」です。それを修飾するのに適切な言葉を選びます。正解以外は意味が通じません。

☐ software application　パソコンソフト

☐ install　動 （ソフトを）インストールする

24. 正解：(D)

訳 注文はすべて月曜と木曜の午前中に処理され配送されます。

解説 動詞の意味と文法の問題です。shipを動詞で使うときには「〜を配送する」と他動詞で使います。主語がall ordersで動詞はareですから、ここでは受け身の文にしなければなりません。なお、(A)のshipmentは名詞で「配送」の意味です。

☐ process　動 処理する

Part V

25. 正解：(C)　　　　　　　　　　　　　　　　　　　　　　　頻出

訳　私どものサービスをご利用になる際には、同種のサービスに適用される公式のガイドラインに従っていただきます。

解説　単語の問題です。be subject to～で「～の効力を受ける」という意味です。be動詞があるので動詞の原形である(B)のrespondは入りませんし、形容詞の(D)のresponsibleでは後ろの語句とつながりません。make forは「役立つ」「～へ向かう」という意味がありますが、ここでは文意が通じません。

☐ post　　動 公表する；掲示する　　☐ applicable　　形 当てはまる

26. 正解：(D)　　　　　　　　　　　　　　　　　　　　　　　基礎

訳　マイヤーズ氏が資金を電信為替で送信しましたので、その金額が今日の正午までにはそちらの口座に振り込まれるはずです。

解説　時制の問題です。動詞がwiredと過去形になっているので過去を示す言葉が入ります。(B)のagoは単独で用いることはなく、a week agoのように期間を前に置いて使います。(C)のinは時間の経過を表す前置詞で「今から～後」という意味です。

☐ wire　　動 電信為替で送金する　　☐ account　　名 口座

27. 正解：(B)　　　　　　　　　　　　　　　　　　　　　　　頻出

訳　シカゴ行きの次の便は機体の機械的不備のために欠航になりました。

解説　接続詞と前置詞を区別する問題です。理由を表す言葉はいくつかありますが、前置詞と接続詞のいずれを使うべきかを見極めてください。ここでは後ろに＜主語＋動詞＞の形ではなく、名詞だけが続くので前置詞を選びます。(C)のbecauseは理由を表す接続詞です。(A)のas far as（～の範囲では）も(D)のin so much that（～の程度には）も接続詞的に使います。

☐ cancel　　動 取りやめる　　☐ mechanical　　形 機械的な

28. 正解：(B)

訳　ムーアさんのコンピュータが広げたウイルスのおかげで、ネットワークが丸1日ダウンしてしまった。

解説　文構造に関する問題です。空所の後ろにすぐ動詞が来ているので、接続詞は使えません。こういった問題ではまず関係代名詞か不定詞を検討しましょう。ここでは「networkをshut downした」という意味から関係詞を入れます。他はいずれも接続詞か関係副詞なので、直後には＜主語＋動詞＞の形が必要になって、ここでは使えません。

☐ spread　　動 広げる（変化に注意：spread-spread-spread）
☐ virus　　名 ウイルス　　☐ the whole day　　丸1日

29. 正解：(A)　　　　　　　　　　　　　　　　　　　　　基礎

訳　カーツさんが所用で出かけている間、彼女の秘書は電話に応対するために残業した。

解説　接続詞の問題です。文の主語と述語はher secretary workedですから、空所には接続詞が必要です。(B)のmeanwhileは「その間に」という副詞で使えません。(C)のforは接続詞として使えますが、必ず前の文に対する理由を述べるときに使います。(D)のuntilも接続詞として使えますが、文意に合いません。

- □ be away　　　　　出かけている　　□ on business　　　　所用で
- □ work overtime　　残業する

30. 正解：(C)

訳　この最新式の乗用車は快適さと安全性を提供し、しかもとても経済的である。

解説　単語の問題です。comfortとsafetyをどうするのかと考えると、「提供する」という動詞が適切だと判断できるでしょう。

- □ latest　　　　形 最新式の　　　□ passenger car　　乗用車；客車
- □ comfort　　　名 快適さ　　　　□ safety　　　　　　名 安全性
- □ economical　形 経済的な

31. 正解：(A)

訳　サミー・ホワイトの統率のもと、新しく、きわめて革新的な製品をいくつか導入することで、その会社は自己改革を行った。

解説　再帰代名詞の問題です。この文の主語はthe companyです。動詞の目的語が主語と同じ場合は-selfを使いますが、the companyは単数で「もの」扱いなので、itselfを入れます。

- □ leadership　　名 統率　　　　　□ reinvent　　　　動 改革する
- □ introduce　　動 導入する
- □ incredibly　　副 信じられないほど；きわめて
- □ innovative　　形 革新的な　　　□ product　　　　 名 製品

32. 正解：(B)

訳　我々の会社の従業員はほとんどが総合的な技術の経歴を持っている。

解説　動詞の意味と数の問題です。主語はmost of the workersでmost of〜は〜の部分が数えられる名詞の場合は複数と考えます。また、backgroundは(D)のdoという動詞の目的語にはならないので、(B)のhaveを選ぶことになります。

- □ firm　　　　　名 会社　　　　　□ comprehensive　形 総合的な
- □ background　 名 経歴

Part V

33. 正解：(C)

訳 委員会は全員一致で、次会計年度の保守管理予算に賛成した。

解説 動詞の意味の問題です。budgetは「予算（案）」という意味なので、それに合う動詞を選びます。(A)のappraiseは「評価する」、(B)のpraiseは「賞賛する」、(D)のimproveは「改善する」という意味で、文意に合いません。

- ☐ council 　　名 委員会
- ☐ maintenance 　　名 保守管理
- ☐ upcoming 　　形 来るべき
- ☐ unanimously 　　副 満場一致で
- ☐ budget 　　名 予算
- ☐ fiscal 　　形 会計の

34. 正解：(A)　　基礎

訳 統括マネジャーの秘書は、新しい経理ソフトが使いやすいので気に入っている。

解説 接続詞と数の問題です。**becauseは接続詞なので、次には＜主語＋動詞＞が来ます**。user-friendlyは「使用者が親しみやすい」つまり「使いやすい」という意味で、主語はsoftwareで単数扱いです。it's はit isの短縮形です。

- ☐ general manager 　　統括マネジャー
- ☐ accounting 　　名 経理
- ☐ secretary 　　名 秘書
- ☐ user-friendly 　　形 使いやすい

35. 正解：(D)

訳 ジェフの昇進が認められ、彼は来月から地域担当マネジャーとなる。

解説 助動詞の時制の問題です。文の最後のnext monthを見落とさないようにしましょう。来月のことですから未来を表す助動詞を選びます。(A)のwouldにも未来を表す言い方がありますが基本的に仮定法になり、ここでは確定している未来のことなので使えません。

- ☐ promotion 　　名 昇進
- ☐ regional 　　形 地域的な
- ☐ approve 　　動 認める

36. 正解：(A)　　基礎

訳 セミナーの期日について質問がある場合には、各自の直属の上司に問い合わせてください。

解説 前置詞の意味の問題です。「〜について」という意味の語句は選択肢の中ではaboutだけです。**前置詞はそれぞれがさまざまな意味を持ちますが、まずは核になる意味をしっかり覚えることが大切です**。

- ☐ seminar 　　名 セミナー
- ☐ supervisor 　　名 監督官；上司
- ☐ immediate 　　形 直接の

37. 正解：(C) 　　　　　　　　　　　　　　　　　　　　　　　　頻出

訳 まだ認識バッジを持っていない社員は全員、パスポート用サイズの最近の写真を提出してからバッジをもらうようにしてください。

解説 動詞の語法の問題です。supplyは「供給する」という意味で、目的語の種類によって、＜supplyモノto人＞か＜supply人withモノ＞と使い分けます。ここではusが目的語になっているので、a recent passport-sized photoの前にwithを入れます。

- □ employee 　名 社員；被雇用者　　□ I.D. (=identification) 名 身分証明書
- □ obtain 　　　動 得る　　　　　　　□ recent 　　　　　　　　　形 最近の

38. 正解：(C)

訳 リーさんのファクスは故障しているので、彼は今のところ近所の事務用品店から借りたファクスを使っている。

解説 副詞の意味の問題です。(A)のtimelyは日本語にもなっていますが「ちょうどよいときに」、(B)のbarelyは「かろうじて〜する」、(D)のexactlyは「正確に」で、いずれも文意に合いません。currentlyは「今のところ」と「世間一般に」という意味があります。

- □ machine 　　　名 機械　　　　　　□ rent 　　　　　　　　　　動 賃貸借する
- □ office supply store 　事務用品店

39. 正解：(D) 　　　　　　　　　　　　　　　　　　　　　　　　盲点

訳 その守衛は国際会議の間、3日連続で時間外勤務をこなした。

解説 副詞の用法の問題です。for three daysの後に続けて意味を持つ語を選びます。straightは期間の後に用いて、「〜連続で」という意味になります。

- □ janitor 　　　名 守衛；用務員　　□ conference 　　　　　　名 会議

40. 正解：(A)

訳 ベンは、彼が休暇中に自分の机が別の階に動かされているのを知って驚いた。

解説 動詞の意味の問題です。このto不定詞は驚いた原因を表します。that以下をどうすると驚くのかを考えると、「それを知って（気づいて）」だと分かるでしょう。thinkを選びたくなるかも知れませんが、thinkには「知る」という意味はありません。

- □ be surprised 　驚く　　　　　　　□ on leave 　　　　　　　　休暇中で

Part VI

41. 正解：(B) 頻出

解説 pleaseは「～を喜ばせる」という意味の他動詞、この文脈では「私」は「喜ばされている」ので、過去分詞形のpleasedが正解です。**please**という動詞単体では「喜ぶ」という自動詞としては使わないので注意。

42. 正解：(A)

解説 dinnerという名詞を修飾するのに適当な形容詞を選ぶ問題。(B)は「わかりやすい」という意味の形容詞、(C)は「刺激」という意味の名詞、(D)は「不可解な」という意味の形容詞で、いずれも文意に適合しないので不正解。「形式ばらない」という意味の形容詞(A)が正解となります。

43. 正解：(C)

解説 文意に適合する意味の名詞を選べばよいわけですから、(A)活動、(B)法人、(D)会社はどれも文意には適合しません。「協力」という意味の(C)が正解です。

訳 設問41～43は、次のメモに関するものです。

社内連絡
宛先：全社員
差出人：ジョージア・ヨハンセン、CEO
用件：新規人事発令

　カーラ・ペレスさんをCFO（最高財務責任者）の職に任命する発表を行うに当たり、大変喜んでおります。ペレスさんは、カレブ＆リアム社から当社に来られましたが、同社では10年間CFOを務めておられました。彼女が今後当社に勤務されることを嬉しく思います。辞任されるCFOマイケル・ラインゴールド氏は、定年退職されました。同氏の退職に当たり、今後のご健勝をお祈りします。
　ペレスさんを新メンバーに迎えるために、職員は全員、今夜ジャックス・バー＆グリルでの懇親会にご参加ください。非公式の夕食会になります。全員がそれぞれペレスさんと会話を交わし、お近づきになるようにしてください。全員が必ず出席できるよう、本日は5時ちょうどに事務所を閉鎖します。ジャックスへ6時までに集合するようにしてください。
　社員一同、ペレスさんに全面的に協力していただくよう期待しています。

GJ（ジョージア・ヨハンセン）

☐ employee	名	従業員；社員
☐ appointment	名	任命
☐ be pleased to V		Vして嬉しい
☐ announce	動	発表する
☐ Chief Financial Officer		最高財務責任者
☐ choose to V		Vすることに決める
☐ from now on		今後
☐ outgoing	形	出て行く；辞任する
☐ retire	動	引退する
☐ wish 〜 all the best		〜の成功を祈る
☐ retirement	名	引退；(定年) 退職
☐ staff member		職員
☐ get-together	名	懇親会
☐ welcome 〜 aboard		〜を新メンバーとして迎える
☐ encourage 〜 to V		〜がVするよう促す［励ます］
☐ chat with 〜		〜とおしゃべりをする
☐ get to V		Vするようになる
☐ make sure that S V		Sが必ずVするよう手配する
☐ close up		(一時的に) 休業する；閉鎖する
☐ sharp	副	きっかりに → 「時刻＋sharp」の形で使う
☐ cooperation	名	協力

Part VI

44. 正解：(A)　　　　　　　　　　　　　　　　　　　　　　　基礎

解説 本文は現在を基準に書かれているため、(C)の過去完了形は不可。また、hasの直後に(D)のような現在分詞形を置き、完了形を作ることはできません。(B)のような現在完了の進行形は「ずっと〜し続けている」という継続の意味を表すため不自然です。したがって、「現在の時点における完了」を表す、has broughtという形になる(A)が正解。なお、ここでのitは形式目的語で直後のthat節を指しています。

45. 正解：(B)

解説 (A)は「信頼性」という意味の名詞なので、文意に適合しません。(C)は「関係している」という意味の形容詞なので、この位置には入りません。また(D)は「相対的な」という意味の形容詞、または「親戚」という意味の名詞ですが、どちらの用法もこの部分には適合しません。よって、「関係」という意味の名詞、relationshipが正解となります。

46. 正解：(B)　　　　　　　　　　　　　　　　　　　　　　　頻出

解説 customerという直後の名詞を修飾する形容詞を選択すればよいわけです。(A)のvalueは「価値」という意味の名詞、(C)のvaluationは「査定」という意味の名詞です。(D)のvalidatedはvalidate（法的に承認する）という意味の動詞の過去分詞形ですが、「法的に承認された顧客」では文意に適合しません。(B)の形容詞、valuableを使えば、「大切な顧客」という意味になり、文意にも沿うので正解。

訳　設問44〜46は、次のレターに関するものです。

リチャード・ロング様
ロング家具
281 ヘミング通り
ハーディング
オーストラリア

拝啓 ロング様

　小社の販売提携先であるデニーズ・タム様から、御社から数か月にわたり小社への発注が行われていないという指摘がございました。小社はこれまで御社への材木納入業者として良好な関係にあったことを思い起こし、何があったのかと心配しております。これまで御社は、小社の製品、価格、担当者に満足しておられたように思います。何か状況が変わったのでしょうか。

もし別の業者を見つけられたのであれば、御社の現在の取引業者を下回る価格をお示しする機会を、小社にいただきたく存じます。小社の提示内容を一度ごらんいただければ、取引の再開をご希望いただけるものと確信しております。なにとぞ早急にご連絡いただき、この件に関する話し合いの場を設けていただけるかどうかをお知らせください。御社は常に小社の最も大切なお得意先の一つであり、私どもは御社に対していつでも間口を開いてお待ち申し上げております。

敬具
ジャクソン・テイラー

- **Drive ~** 　　　　　　　～通り → 「地名＋Drive」の形で使う
- **associate** 　　　　　　名 提携者；仕事仲間
- **bring it to ~'s attention that S V** 　　～にSがVすることを注目させる［指摘する］
- **place an order with ~** 　　～に注文を出す
- **recall** 　　　　　　　　思い出す
- **relationship** 　　　　　名 関係
- **in the past** 　　　　　　過去には；以前は
- **lumber** 　　　　　　　名 材木
- **supplier** 　　　　　　　名 供給者；業者
- **wonder** 　　　　　　　動 ～かどうか（知りたい）と思う
- **be satisfied with ~** 　　～に満足している
- **product** 　　　　　　　名 製品
- **undercut** 　　　　　　動 （競争相手よりも）安く売る
- **current** 　　　　　　　形 現在の
- **confident** 　　　　　　形 確信している
- **once S V** 　　　　　　　いったんSがVすれば
- **what S have to V** 　　SがVする（ために持っている）もの → whatはhaveの目的語として働く関係代名詞
- **offer** 　　　　　　　　動 申し出る；提供する
- **contact** 　　　　　　　動 連絡する
- **at one's earliest convenience** 　　都合がつきしだい；なるべく早く
- **valuable** 　　　　　　　形 貴重な
- **customer** 　　　　　　名 顧客
- **Best regards** 　　　　　敬具〈手紙の結びの言葉〉

Part VI

47. 正解：(C)
   解説 aという冠詞があることから、空所には名詞が入るとわかります。(B)は「内部の」という意味の形容詞のため不可。また、文意から、「私」がなるものを表す名詞でなければならないため、(A)研修制度と(D)抑留は不可。「研修生」という意味の(C)が正解です。

48. 正解：(D)　　　　　　　　　　　　　　　　　　　　　　　　　　盲点
   解説 まず、冠詞のaの直後なので、「参照する」という意味の動詞の(A)は不可。(B)審判員と(C)国民投票は、文意に合わないので不可。したがって「推薦人」という意味の名詞(D)が正解。

49. 正解：(A)
   解説 wouldという助動詞には、原形動詞が続かなければならないので、原形の(A)が正解。**appreciate**は「〜をありがたく思う」という意味の他動詞です。

   訳 設問47〜49は、次のメールに関するものです。

宛先：トッド・ウィスラー様
差出人：タマラ・デニスン
用件：就職の推薦人の件

拝啓 ウィスラー様
　御社の夏期研修生にしていただき、ありがとうございました。仕事は本当に楽しく、多くのことを学ばせていただきました。この度はお願いしたいことがあり、お便りを差し上げます。私はまもなく大学を卒業いたしますが、そちらのお名前を私が希望する職への推薦人として加えさせていただきたく存じます。私は自らがその職に適任であると思っており、職務内容も御社で夏に行った職務に準じております。もしも推薦人になっていただければ、私がその職に就く見込みは高まるものと思います。できましたらこのメールにご返事をいただき、可能かどうかをお知らせください。ご承知いただければ、心より感謝申し上げます。私の将来の職歴に計り知れない助けとなるはずでございます。

　どうぞよろしくお願いいたします。

敬具
タマラ・デニスン

☐ intern	名	研修生
☐ ask a favor		頼みごとをする
☐ shortly	副	まもなく；すぐに
☐ add	動	加える
☐ reference	名	推薦人；保証人
☐ be (highly) qualified for ~		~に適任である
☐ duty	名	義務；職務
☐ have a good chance at [of] Ving		Vする見込みが十分にある
☐ be similar to ~		~に似ている
☐ reply to ~		~に返事をする
☐ appreciate	動	ありがたく思う
☐ help ~ out		~の助けとなる
☐ immensely	副	非常に；計り知れないほど
☐ all the best (to ~)		ごきげんよう〈手紙の結びの言葉〉
☐ Yours sincerely		敬具〈手紙の結びの言葉〉

Part VI

50. 正解：(B) 〔盲点〕

解説 文脈から、ラストソフト社はその「一部」であるゲームソフト事業を競売にかけるのだと考えられるので、「部分」を表す(B)を選べばよいということになります。(A)は「全体」という意味で、(C)は「地域」や学問などの「分野」を表します。また、(D)は複数形なので冠詞のaの直後に置くことはできません。

51. 正解：(C) 〔頻出〕

解説 brought以下の動詞句は、前文の内容を説明する部分を形成しています。このように、**直前の文全体や文の一部分の内容を先行詞として説明する場合には、カンマ＋関係代名詞のwhich**という形を使います。

52. 正解：(D)

解説 let go of 〜は「〜を手放す」という意味の熟語表現です。空所の直前にはisというbe動詞が置かれていることから、述語動詞となる現在進行形を作るために現在分詞形を選択します。

訳 設問50〜52は、次の記事に関するものです。

ニューヨーク ― 巨大ソフト企業であるラストソフト社は本日、事業の一部を競売により売却する計画があると発表した。ラストソフトのゲームソフト事業であるプレイコは、最近の3四半期にわたって利益をあげてきたため、30億ドル以上で売却されるものと見込まれている。

　関心を持つバイヤーの中には、ヨーロッパのゲームソフトの最大手メーカーの一つであるフォーラム社や、ギャリーソフト社が含まれると言われている。両社は最近業績が不振であり、不調から抜け出す方策を模索している。

　ラストソフト社はプレイコへの買収提案を繰り返し受けており、そのことが売却の決断を促した。ラストソフト社がゲーム部門を手放そうとしている理由は明らかではないが、同部門の他の分野への参入を計画しているのではないかと専門家は見ている。

　ラストソフト社の当局者には接触できず、コメントは得られなかった。

☐ giant	名	巨大企業
☐ announce	動	発表する
☐ portion	名	一部分
☐ put ～ on the sales block		～を競売にかける
☐ profit	名	利益
☐ quarter	名	四半期
☐ include	動	含む
☐ sluggish	形	不振の；緩慢な
☐ earnings	名	収益
☐ get A out of B		AをBから出す
☐ slump	名	不景気
☐ repeatedly	副	繰り返し
☐ offer	名	申し出；条件提示
☐ let go of ～		～を手放す
☐ division	名	部門
☐ analyst	名	分析家、アナリスト
☐ speculate	動	推測する
☐ area	名	分野
☐ sector	名	部門
☐ official	名	当局者；役員
☐ reach	動	連絡する；接触を持つ

模擬テスト 2

Part V

1. 正解：(A) 〔頻出〕

訳 マリオンは仕事でストレスを受けすぎていたので休暇を取った。

解説 単語の問題です。いずれの単語も最後が同じ形で終わっていて、音声だけから考えたら紛らわしいのですが、意味は全然異なります。(C)のoffenseと(D)のpretenseは動詞のoffend（罪を犯す；感情を害する）、pretend（～のふりをする）から推察するとよいでしょう。(A)のabsenceは形容詞・動詞のabsent（不在の；欠席する）から推測できます。

- ☐ take a leave (of absence) 休暇を取る
- ☐ under stress ストレスを受けて　　☐ at work 仕事をして

2. 正解：(D) 〔基礎〕

訳 その会社は事務所を改装する余裕がなかったので、もっと安い事務所スペースを見つけて別の場所に移転することにした。

解説 単語の問題です。<afford to V>で「Vする経済的余裕がある」という意味で、ふつうcan／can'tと共に使います。affordには名詞の目的語が続くことがありますが、その場合も同じ意味です。
例）We can't **afford** a new car.（私たちは新車を買う余裕がない）

- ☐ refurbish 動 改装する；造り直す　　☐ relocate 動 移転する

3. 正解：(C)

訳 すべてのタイムカードに関する問い合わせは、人事課に出してください。

解説 動詞と関連する前置詞の問題です。**direct**は「（注意・努力・方針など）を向ける」という意味で、向ける先は**to**や**toward**で導きます。inquiryは「調査」という意味もありますが、ここでは「問い合わせ」の意味です。

- ☐ direct 動 向ける；伝える　　☐ inquiry 名 問い合わせ
- ☐ personnel department 人事課／部

4. 正解：(B)

訳 ジェイムズは期限までに契約の署名にこぎつけられなかったので、その契約は無効だと宣告された。

解説 熟語の問題です。voidは「無効の」という意味で、名詞では「真空・無」という意味です。nullも同じような意味で、**null and void**で「無効の」という熟語です。

- ☐ deadline 名 締め切り；期限　　☐ sign 動 署名する
- ☐ contract 名 契約書　　☐ declare 動 宣告する；申告する

5. 正解：(A)
   訳 テリーが昼食をとっている間に、数人の顧客が彼女に会いにやって来た。
   解説 動詞句の問題です。(B)のshut outは「～を閉め出す」、(C)のturn overは「ひっくり返る；ひっくり返す」、(D)のmake upは自動詞では「仕立て上げる；仲直りをする」という意味で、いずれも文意に合いません。(A)のcome inは多くの意味を持つ熟語ですが、ここでは「到着する」くらいの意味です。

   ☐ several　　形 いくつかの；何人かの　　☐ client　　名 顧客

6. 正解：(C)　　　　　　　　　　　　　　　　　　　　　　　　　　基礎
   訳 政府は昨日、3カ国に対して渡航警告を発した。
   解説 時制の問題です。文の途中にyesterdayとあるので、過去形を使います。**現在完了は過去の一時期を表す言葉（ここではyesterday）と共に使うことはできません。**

   ☐ government　　名 政府　　☐ warning　　名 警告

7. 正解：(C)　　　　　　　　　　　　　　　　　　　　　　　　　　頻出
   訳 石油の価格が上がるといつも、人々は公共交通機関を使うことが多くなる。
   解説 接続詞の問題です。althoughとin spite ofは前者が接続詞で後者が前置詞としての働きですが、いずれも逆接の意味（～だけれども）を持つので、ここでは文意が通じません。howeverは接続副詞として使えますが、その場合は形容詞や副詞を後に伴って「いかに～であろうとも」の意味になり、やはり文意に合いません。wheneverは「～するときはいつでも」の意味です。

   ☐ price　　名 価格　　　　　　☐ tend to V　　Vする傾向がある
   ☐ rise　　動 上がる　　　　　　☐ transportation　　名 交通機関

8. 正解：(B)
   訳 ウェブサイトを立ち上げる者は、ホスティングサービスとドメインネームに対して使用料を払わなければならない。
   解説 動詞の問題です。must、can、may、willといった助動詞の後に来る動詞は必ず原形でなくてはなりません。これは疑問文や否定文になっても同じことです。

   ☐ web site　　ウェブサイト　　☐ fee　　名 料金
   ☐ hosting　　名 ホスティング　　☐ domain name　　ドメインネーム

Part V

9. 正解：(A)

訳 投資家たちは、国内総生産のデータが公表された後に、市場で得た最近の利益を調査した。

解説 この文の動詞はtake stock of～なので、空所にはgainsを修飾する単語が入ると見当をつけます。空所の後ろにin the marketとあるので、それと考え合わせて「市場で得られた利益」にすると文意が通じます。

- ☐ **investor** 名 投資家
- ☐ **take stock of～** ～をよく調べる
- ☐ **gain** 名 利益
- ☐ **gross domestic product (=GDP)** 国内総生産
- ☐ **release** 動 公表する

10. 正解：(D)

訳 ライリー氏は多くの品物が店の棚からなくなっていることに気づいた後で、職員に在庫目録を作るように依頼した。

解説 熟語の問題です。inventoryは「在庫（品）」の意味ですが、**take / make inventory (of ～)** で、「(～の) 在庫目録を作る；～を1つ1つ調べる」という意味になります。

- ☐ **staff** 名 スタッフ
- ☐ **notice** 動 気づく
- ☐ **item** 名 品目；品物
- ☐ **shelf** 名 棚（複 shelves）

11. 正解：(D) 　　　　　　　　　　　　　　　　　　　　　　　　　　　基礎

訳 我が社の最高経営責任者は市場に対する鋭い感覚を備えた頭脳明晰な女性だ。

解説 関係詞と動詞の問題です。関係代名詞のwhoは主格と目的格がありますが、ここでは主格になっています。その場合、**関係詞の中の動詞は先行詞に合わせなければなりません**。ここではa brilliant womanが先行詞ですから、strong senseを目的語とできるhasを選びます。

- ☐ **CEO (=chief executive officer)** 名 最高経営責任者
- ☐ **brilliant** 形 聡明な
- ☐ **marketplace** 名 市場

12. 正解：(B)

訳 経済が好転するにつれて、起業家になりたいと思う人が増える。

解説 接続詞の問題です。the economy improvesが＜主語＋動詞＞で、主節はpeople becomeが＜主語＋動詞＞になっています。したがって空所には接続詞が入りますが、主節の前にあるので**従属接続詞（and、but、or、for、so以外の接続詞）**を使わなければなりません。該当するのはasだけです。

- ☐ **improve** 動 改善する
- ☐ **entrepreneur** 名 起業家

13. 正解：(C) 〔頻出〕

訳 ラーセン氏は年末の賞与としてかなりの金額を期待していたが、結局、もらったのはほんのわずかだった。

解説 形容詞の問題です。選択肢のいずれもconで始まっていますが、意味は全然異なります。(B)の**considerate**（思いやりがある）と(C)の**considerable**（かなりの）はいずれも**consider**からの派生語です。(A)のconsequentは「結果として生じる」、(D)のconstantは「一定の；たえない」という意味です。

- □ expect　　　動 期待する　　　□ in the end　　　結局
- □ amount　　　名 額　　　□ bonus　　　名 賞与

14. 正解：(D)

訳 連邦政府は、小企業が全従業員に医療保険を提供するよう求める新しい法律を制定しようとしている。

解説 動詞の形の問題です。助動詞willの後の動詞は常に原形なので(C)か(D)に可能性がありますが、will have been passingは未来完了進行形で、これは未来の一時点までの継続を表すので、ここでは不適です。

- □ federal government　連邦政府　　□ legislation　　名 法律
- □ provide　　動 供給する　　□ health care　　医療保険

15. 正解：(B) 〔頻出〕

訳 その計画は、顧客が損失を被らないようにちょうどよいタイミングで終わらせなければならない。

解説 接続詞の問題です。空所の前後から判断して、空所の後が目的を表すような接続詞を選ぶと判断します。**so that ～（will / may / can）**は「**目的**」を表す接続詞です。時に、thatが省略されることがあります。またthat節でmayやcanを使えばsoを省略することもできます。

- □ project　　名 計画　　□ complete　　動 完成させる
- □ in a ～ manner　　～のやり方で　　□ suffer　　動 (苦痛などを) 被る

16. 正解：(A) 〔基礎〕

訳 美術館の見学者は、写真を撮るのにフラッシュを使うことを禁じられている。

解説 受動態の問題です。**ask**は＜ask O to V＞で「**OにVするように要求する（頼む）**」という意味です。ここではvisitorsが主語になっているので、受動態にして「～することを要求されている」にします。

- □ museum　　名 美術館；博物館　　□ refrain from～　　～を控える
- □ flash　　名 (カメラの) フラッシュ；ストロボ

Part V

17. 正解：(C)

訳 カールは、なぜ上司が彼のオフィスですぐに会いたいのか分からなかったので、とても緊張していた。

解説 接続詞の問題です。空所の前は「nervousになっていた」です。空所の後は「なぜなのかが分からなかった」なので、nervousになっていた「理由」だと判断して空所には理由を表す接続詞を入れます。thereforeは「したがって」なので逆の意味になります。

- ☐ **nervous** 形 神経質な   ☐ **have no idea** 分からない
- ☐ **right away** すぐに

18. 正解：(B) [基礎]

訳 アレックスは優れた肖像画家で、月に一度画廊で展覧会を開く。

解説 接続詞の問題です。英文では原則として1つの文に主語と動詞は1個だけと決まっています。ここではisもholdsも動詞なので、空所には接続詞（あるいは関係詞）が入ります。ただし、主語が1つしかありませんから、holdsをつなぐには等位接続詞（and、but、or、for、so）から選ばなければなりません。従属接続詞ではその後に主語が必要になります。

- ☐ **excellent** 形 優秀な   ☐ **portrait** 名 肖像

19. 正解：(C) [盲点]

訳 通りの向かいにあるパン屋のロールパンは、町中で一番おいしいと言われている。

解説 前置詞の問題です。aheadは「前方に」、overとbeyondは「〜を越えて」という意味で、いずれもstreetとなじみません。acrossは「〜を横切って」という意味ですが、このように「〜の向こうにある」という意味でも使います。

- ☐ **bread roll** ロールパン   ☐ **bakery** 名 パン屋
- ☐ **be said to〜** 〜だと言われている

20. 正解：(B) [基礎]

訳 その有名な政治家は、最近彼が受けた脅迫のために演説を延期しなければならなかった。

解説 動詞の問題です。意味の上から判断して「中止する」か「延期する」という動詞が入りますが、**had toの後は動詞の原形**なので(C)のcancelingは意味上では適していても文法的に不適です。cancelと原形にすればこれも正解になります。

- ☐ **politician** 名 政治家   ☐ **due to〜** 〜のために
- ☐ **threat** 名 脅迫

21. 正解：(A)　　　盲点

訳 その会社は、彼らの製品のために別の市場を引きつけることを目的とした新たな戦略を発表した。

解説 動詞の問題です。「言う」という意味の動詞は数多くありますが、sayは他動詞として使うときにはthat節や言葉そのものが目的語になります。speakも他動詞として目的語になるのは言語や特定の言葉だけです。talkは自動詞の用法のみなので、strategyを目的語にとれるのはannounceだけということになります。speak of／talk ofならば正しい文になります。

- strategy　名 戦略
- attract　動 引きつける
- aim at～　～にねらいをつける
- market　名 市場

22. 正解：(D)

訳 新しい技術は、人類がかつてないほどの豊かな富を獲得することを可能にしている。

解説 比較の問題です。＜比較級 more than (ever) before＞で「かつてないほどの～」という意味です。「今までで最高の」という最上級に解釈してもかまいません。make it possible for ～ to V は「～がVするのを可能にする」という意味で、itは後ろのto不定詞を指します。

- technology　名 技術
- wealth　名 富
- acquire　動 獲得する

23. 正解：(B)　　　頻出

訳 低金利のおかげで若い夫婦が家を買えるようになっている。

解説 時制の問題です。過去分詞は前にbe動詞があれば受動態で、haveがあれば現在完了です。allowの後に目的語があるので、この文自体は能動態です。したがって現在完了と判断してhaveを選択します。主語がinterest ratesと複数なのでhasは不可です。

- interest rates　金利
- couple　名 夫婦

24. 正解：(D)

訳 ガルシアさんは、会社の方針を知ってもらおうと、新入社員のために会議を開いている。

解説 代名詞の問題です。let ～ V で「～にVさせる」という意味です。ここで「知ってもらう」のはnew recruitsなのでthemを選びます。themselvesは意味上の主語と目的語が同じ場合に使います。ここではletするのはガルシアさんですからthemselvesは使えません。

- new recruit　新入社員
- policy　名 方針

Part V

25. 正解：(C)

訳 父は会社を引退したら私が後を継いだらいいだろうと言ったが、私はそれをやりたいかどうかまだ確信が持てない。

解説 熟語の問題です。footstep は「足跡」という意味ですが、**follow in someone's footsteps** で「人の先例にならう；志を継ぐ」という意味です。この文の場合は会社を継ぐことになります。follow の他に walk や tread を使っても同じ意味になります。

☐ suggest　動 提案する　　☐ retire　動 引退する

26. 正解：(B)　　　　　　　　　　　　　　　　　　　　　　[基礎]

訳 クレジットカードの請求についてご質問がおありのときには、いつでも顧客サービス部門にご連絡ください。

解説 熟語の問題です。**feel free to V** は「**遠慮なくVする**」という意味で、ここでは「いつでも自由に〜に連絡できます」となります。good や fine、happy の後に to 不定詞が続くと、不定詞は原因を表し、ここでは不適当です。

☐ billing　名 課金　　☐ contact　動 連絡する
☐ customer　名 顧客　　☐ department　名 部門

27. 正解：(D)

訳 経営トップは市場を調査し、宣伝をし、優秀な社員を雇って訓練しなければならない。

解説 動詞の問題です。目的語が market（市場）なので、(D)の research（調査する）が適切です。research はカタカナ英語にもなっています。repel は「追放する」、receive は「受け取る」、repeat は「繰り返す」という意味で、いずれも文意に合いません。

☐ manager　名 経営者；マネジャー　　☐ advertise　動 宣伝する
☐ hire　動 雇う　　☐ train　動 訓練する

28. 正解：(A)　　　　　　　　　　　　　　　　　　　　　　[頻出]

訳 財務の数字が正しくて、帳簿に最新の情報があるようにするのが会計係の仕事である。

解説 単語の問題です。**up-to-date** で「**最新の（情報がある）**」という**形容詞**です。be 動詞の後では、be up to date とハイフン(-)を取って使うこともあります。また bring 〜 up to date（〜を最新のものにする）という熟語もあります。

☐ accountant　名 会計係（士）　　☐ duty　名 仕事；義務
☐ financial　形 財務の　　☐ figure　名 数字

29. 正解：(C)　　　　　　　　　　　　　　　　　　　　盲点

訳　彼女が昨日病気で寝ていたはずはない。というのも、会社で彼女を見たからだ。

解説　現在から過去を推量する助動詞の表現の問題です。**助動詞の直後にhaveと過去分詞形を置く形は、過去の出来事を推量したり、後悔したりする場合に使います。**ここで、文意に合っているのはcannot have Vpp（Vしたはずがない）という表現です。must have Vppは「Vしたに違いない」という意味なので文意に合いません。

☐ be sick in bed　　病気で寝ている

30. 正解：(A)　　　　　　　　　　　　　　　　　　　　頻出

訳　その有名な最高経営責任者は、町にやって来るときには20人の護衛を伴っているだろう。

解説　受動態の問題です。**accompanyは「〜に付き添う；同伴する」という意味の動詞です。**ここではbe accompaniedと受動態になっているので、accompanyする主体である「20人の護衛」はbyで導きます。

☐ accompany　動 付き添う　　☐ security guard　護衛

31. 正解：(C)

訳　我が社の最新の計画は現実的ではない。というのはその製品を作るのにコストがかかりすぎるからだ。

解説　形容詞の問題です。**語尾に-lyが付けば副詞というわけではありません。**ここではcostly（費用がかかる）とhomely（家庭的な；質素な）が形容詞です。空所には、作るのに費用がかかりすぎるから現実的ではないと考えて、costlyを選びます。

☐ latest　形 最新の　　☐ practical　形 現実的な
☐ product　名 製品

32. 正解：(B)　　　　　　　　　　　　　　　　　　　　基礎

訳　その小売店は、秋物商品のための場所を確保するために夏物衣料品の大売り出しを行った。

解説　熟語の問題です。make room for 〜は「〜の余地を作る」という意味です。makeは動詞で、ofやfrom、forなどの前置詞の後に続けることはできません。またin reference toのtoは不定詞を導くtoではなく、次に名詞を伴います。**in order to Vで「Vするために」という意味になります。**

☐ retail outlet　小売店　　☐ big sale　大売り出し
☐ room　名 余地；空間　　☐ item　名 商品

Part V

33. 正解：(A) 〔頻出〕

訳 就職希望者はすべて、我が社の職に応募する場合には何らかの身分証明書を提示する必要がある。

解説 熟語の問題です。**apply**はいろいろな意味がありますが、「(職など)に応募する」という場合には**for**という前置詞を伴います。applyがapplicationという名詞になっても、「応募」の意味ではapplication for 〜とforを使います。

- □ applicant　　名 応募者　　　　　　□ require　　動 要求する
- □ I.D.　　　　　名 身分証明書　　　　□ position　名 (仕事の) ポスト

34. 正解：(A) 〔頻出〕

訳 その会社はコストを削減するために以後アウトソーシングを利用することにした。

解説 熟語の問題です。**from now on**で「これから先」という意味です。onの代わりにforwardを用いてfrom now forwardとすることもあります。

- □ outsourcing　名 外注；アウトソーシング
- □ cost　　　　名 費用；コスト

35. 正解：(D)

訳 デブリースさんは、リュウさんのいない間、ネットワーク・サーバーの保守管理をするために雇われた。

解説 単語の問題です。absent-mindedは「ぼんやりした」、absentは形容詞で「不在の」、absenteeは「欠席者」という意味で、いずれも文脈に合いません。**absence**は「不在」という意味の名詞で、前置詞には**in**や**during**を使います。

- □ hire　　　　　　　動 雇う　　　　　□ maintain　動 保守管理をする
- □ network sever　　ネットワーク・サーバー

36. 正解：(B)

訳 日本の市場が国の祭日で閉まっているので、アジアの市場は今日はおおむね平穏である。

解説 副詞の問題です。mentallyは「精神的に」、physicallyは「物理的(肉体的)に」、timely(これだけ形容詞)は「ちょうどよいときの」という意味で、いずれも文意に合いません。**generally**は「一般に」ですが、ここでは「概して」くらいの意味です。

- □ flat　　　　　　　形 平らな；変化の少ない　　□ national holiday　祭日

37. 正解：(C)

訳 今日インターネット関連の新興企業にはビジネスの将来性が大いにあるので、多くの大学新卒者を引きつけている。

解説 代名詞と助動詞の問題です。文の後半部分の動詞はattract（引きつける）なので、前半からその主語を探し出すとInternet start-upsですが、これは複数形なのでtheyとなるはずです。またattractedとあり、canの後は動詞の原形であることからthey canは選べません。they haveだけが条件に合います。

- ☐ potential　名 潜在性
- ☐ attract　動 引きつける
- ☐ start-up　名 新興企業
- ☐ graduate　名 卒業生

38. 正解：(D)　　　　　　　　　　　　　　　　　　　　頻出

訳 その上院議員は、そのスキャンダルへのいかなる関与も否定する声明を出した。

解説 単語の問題です。involveは「（人）を関係させる；巻き込む」という意味の動詞です。anyの後なので、空所には名詞を入れると考えられます。involvingを動名詞と考えても「彼が巻き込むこと」では文意が通りません。名詞のinvolvementを選びます。

- ☐ Senator　名 上院議員
- ☐ disclaim　動 否定する
- ☐ statement　名 声明
- ☐ scandal　名 醜聞；スキャンダル

39. 正解：(A)

訳 そのソフトウェア製造会社は、大成功の期待が持てる支社をインドに開設したばかりだ。

解説 単語の問題です。branchは元々「枝」という意味ですが、そこから「支流；支脈；支店；支部」などの意味も持ちます。空所の後のthatは関係代名詞で、空所に入るのはその先行詞であると判断します。(D)のfirmsは意味だけなら通じるのですが、関係代名詞に続く動詞がisなので、先行詞は単数でなくてはならず、不適です。

- ☐ manufacturer　名 製造業者
- ☐ expect　動 期待する

40. 正解：(B)

訳 我が社の秘書たちはよく冷水器の周りに集まって、同僚のうわさ話をしている。

解説 前置詞の問題です。water coolerの中（in）や上（over）に集まるのはどう考えても無理でしょう。in-betweenは「中間に」という意味の副詞で、文法的に空所には入りません。aroundは「～の周りに」という意味です。

- ☐ gossip　動 うわさ話をする
- ☐ coworker　名 （仕事の）同僚

Part VI

41. 正解：(B)
　解説 直後の形容詞や副詞と結びつき、疑問詞句を作ることができるのは(B)のhow。この文ではhow many more timesという句が「あと何度くらい」という意味の疑問詞句を作っています。なお、他の疑問詞はこのように形容詞や副詞と結びついては使いません。

42. 正解：(D)　　　　　　　　　　　　　　　　　　　　　　　　　　盲点
　解説 「待つ」という意味のwaitという動詞は自動詞で、wait for ～という形で「～を待つ」という意味になります。一方でawaitは他動詞で、前置詞を必要とせず直後に目的語を置くことができます。さらに、空所の直前にはbe動詞のareがあるため、現在進行形を作るために現在分詞形を選択しなければなりません。

43. 正解：(C)　　　　　　　　　　　　　　　　　　　　　　　　　　盲点
　解説 ここで焦点となっている決定は「利上げをするかしないか」という二者択一の決定です。2者の選択について使われるのは、both、neither、eitherですが、この選択は両方同時に行われる可能性はないためbothは不可。また選択がなされないということもないためneitherも不可。したがって、「どちらでも」という意味の(C)eitherが正解となります。

　訳　設問41～43は、次の記事に関するものです。

> ワシントン――投資家たちは今週、連邦準備制度理事会はあと何回金利を引き上げるのかと思案している。というのも、既に15回の引き上げが行われているからである。連邦準備制度理事会は少なくともあと1回、0.25パーセントの引き上げを行うだろうと、専門家筋は見ている。証券業者たちは、金利を引き上げないという発表が出れば株価は上昇するだろうと、期待をこめて待ち構えている。
> 　報告が示すところでは、雇用の増加が緩やかである一方で、この四半期に各企業は平均を超える収益を上げている。この収益は、専門家による第1四半期の予測を裏切るものであった。連邦準備制度理事会は、金利を再び引き上げるべきかどうかを決めるため木曜日に会議を行うが、最新の経済ニュースを考慮に入れると、どちらの決定が下される可能性もある。

☐ investor	名	投資家
☐ wonder	動	～かどうか（知りたい）と思う
☐ Federal Reserve (Fed)	名	（米国の）連邦準備制度理事会
☐ raise	動	引き上げる
☐ interest rates		金利；利率
☐ analyst	名	分析家；アナリスト
☐ speculate	動	推測する
☐ at least		少なくとも
☐ trader	名	株式証券業者；トレーダー
☐ anxiously	副	切望して
☐ await	動	待ち構える
☐ announcement	名	発表
☐ stock prices		株価
☐ indicate	動	示す
☐ corporation	名	法人；会社
☐ post a profit		収益を上げる
☐ better-than-average	形	平均より上の
☐ quarter	名	四半期
☐ earnings	名	収益
☐ beat	動	打ち負かす
☐ prediction	名	予測
☐ given	前	～を考慮に入れると
☐ latest	形	最新の
☐ decision	名	決定

Part VI

44. 正解：(B)　　　　　　　　　　　　　　　　　　　　　　　　　　【頻出】

解説　確定的な未来の予定や、未来の一時点に予測される動作を表す場合には「未来進行形」が使われます。(A)は三単現のsがないので不可。また(C)の現在分詞形だけでは述語動詞とはなりませんし、(D)の未来完了進行形は未来のある時点までの継続的な動作を表す形なので文意に合いません。

45. 正解：(A)

解説　move up は「昇進する」「出世する」という意味の熟語。前後の文脈から、会が催される目的を考えれば、この表現が最も適当だと考えられます。

46. 正解：(C)

解説　(A)appreciate は「〜をありがたく思う」という意味の動詞で、be動詞の直後には置かれないので不可。(B)は「懸念している」という意味の形容詞で文意に合いませんし、(D)は「見習社員、徒弟」という意味の名詞のため、直前に冠詞が必要ですし、文意にも合わないので不可。よって、「適切な」という意味の形容詞(C)が正解です。

訳　設問44〜46は、次のレターに関するものです。

ベス・リード博士
390 スター通り
オークランド
ニュージーランド

拝啓 リード博士

　女性雇用ネットワーキング・クラブの当支部では、5月13〜16日に年次会議をネバダ州ラスベガスで行います。この会議は、職場や職歴における女性の昇進を促進することを目的としております。本を出版された著者、また著名な心理学者として、博士に会議の基調演説を行っていただくのがふさわしいと考えました。私どもの申し出をお受けいただければ嬉しく思います。ラスベガスへの航空料金とすべての経費に加えて、博士の通常の報酬に見合う額をお支払いいたします。各日につき35分間のお話であれば私どもの希望通りでございますが、ご要望があれば講演時間を延長していただくことも歓迎いたします。

　ご返事をお待ちしております。ご返事をいただき次第、さらに詳しい資料をお送りいたします。お時間を拝借してありがとうございました、リード博士。

敬具

バーバラ・ウィルソン
WENC議長

☐ chapter	名	支部
☐ annual	形	年に一度の
☐ conference	名	会議
☐ encourage ～ to V		～がVするよう助長する
☐ move up		出世する；昇進する
☐ workplace	名	職場
☐ publish	動	出版する
☐ psychologist	名	心理学者
☐ appropriate	形	適切な
☐ keynote	名	基本方針
☐ delighted	形	喜んでいる
☐ fee	名	報酬
☐ A as well as B		Bに加えてAも
☐ expense	名	出費
☐ suit	動	適合する；都合がよい
☐ look forward to ～		～を楽しみに待つ
☐ reply	名	返事
☐ further	形	さらにいっそうの
☐ detail	名	詳細
☐ Yours Sincerely		敬具〈手紙の結びの言葉〉

模擬テスト2

Part VI

47. 正解：(A)
解説 turnoverとは「回転率」のこと。「回転率が高い」という意味を表現するには、have a high turnoverという言い回しを使います。また、veryの後ろに比較級は置かれないため、(C)は不正解。また最上級では意味が通じないため(B)は不正解。原級の(A)が正解です。

48. 正解：(C)
解説 that節内の述語動詞を選ぶ問題なので、動詞を選択します。まず、(B)は「同時発生」、(D)は「調整」という意味の名詞なので不可。(A)は「共存する」という意味の動詞ですが、文意に合いません。**coincide with ～は「～と同時に起こる」**という意味で、文意にも適合する(C)が正解です。

49. 正解：(C)
解説 「会合を招集する」という意味を表現するためには、call a meetingという言い回しを使えばよいということになります。また、would like to Vは「Vしたい」という意味の不定詞を使った重要表現です。よって、これら2つの表現を正しく使っている(C)が正解です。

訳 設問47～49は、次のメモに関するものです。

社内連絡
宛先：ジョゼフ・バーコウィツ、販売部長
差出人：マリオン・デビッドソン、ＣＥＯ
用件：スタッフの退職

やあ、ジョー
　君も既に知っていると思うが、販売部のスタッフが大幅に移動している。最近3か月で8人が販売部を辞職したと知って驚いたよ。しかも彼らの辞職は、我々の競争相手であるゼネラル社の支店が同じ町に開店すると同時に起きていることもわかった。前社員のうち少なくとも3人が、わが社を辞めてゼネラルに入社したことも知っている。さらに調査した結果、彼らはわが社よりも高い手当と多くの休日を提示されたことが明らかになった。我々も、現状のスタッフを抱えておこうとするなら、少なくともゼネラルの社員への提示に匹敵する条件を出す必要があると思う。
　この件について話し合うためのマネージャー会議を、8月14日の午後7時に宴会場で行いたい。君の部署のマネージャー全員に、このことを知らせておいてほしい。

☐ Sales Department Manager	販売部長	
☐ resignation	名 辞職	
☐ turnover	名 交代；移動	
☐ resign	動 辞職する	
☐ notice	動 注目する；気づく	
☐ coincide with ～	～と同時に起こる	
☐ branch	名 支店	
☐ at least	少なくとも	
☐ former	形 以前の	
☐ employee	名 従業員；社員	
☐ investigation	名 調査	
☐ reveal	動 明らかにする	
☐ offer	動 申し出る；提供する	
☐ benefits	名 手当	
☐ match	動 匹敵する	
☐ call a meeting	会議を招集する	
☐ banquet room	宴会場	

Part VI

50. 正解：(D) 　　　　　　　　　　　　　　　　　　　　　　　　　　基礎

解説 a nice gift「素敵な贈り物」とthat special someone「その特別なだれか」の間に入る前置詞として最適なものを選ぶ問題。文意からも、「～に対して」「～のために」という「目的」や「対象」を表す前置詞が入ると考えられ、(D)のforが正解。

51. 正解：(B) 　　　　　　　　　　　　　　　　　　　　　　　　　　基礎

解説 sameの前には、ふつう定冠詞のtheを置かなければならないので(A)は不可。(C)や(D)の前置詞は「～の上に」という意味で文意に適合しません。よって、「～のような」「～のように」という意味の前置詞(B)likeが正解となります。

52. 正解：(C)

解説 直前に置かれたbe動詞と結びついて述語動詞を作ることができる語を選ぶ問題。(B)は「高価な」という意味の形容詞で文意に合いませんし、(D)は「価格」という意味で主語のcakesとはbe動詞で結べるイコールの関係にないため不可。**priceを動詞として使うと「～に値段を付ける」という意味**ですが、主語のcakeは「値段を付けられる」方なので、受動態の(C)が正解となります。

> **訳**　設問50～52は、次の広告に関するものです。

> 特別な方への素敵な贈り物をお探しですか。その方に、ハーモニー・ベーカリーから特別な飾りつけのケーキを贈ってはいかがでしょうか。ハーモニー・ベーカリーでは、あなたの大切な方に必ずお喜びいただける、珍しいデザインのケーキをお作りしています。野球ファン風ケーキは、大きな野球用ボールの横に1本のバットを添えた形をしています。花の代わりに、大切な方にケーキのお花をお送りください。お好みに応じて、どんな花でも本物そっくりのケーキにお作りし、ケーキの植木鉢もお付けできます。グルメ・ケーキは、お好みのどんなデザインでもお作りし、ご予算に応じたお値段でご提供します。私どものオンライン・ケーキ店www.harmony-bakery.com、または最寄りのお店へお越しください。

☐ Why not V?		Vしてはどうですか；Vしましょう
☐ decorate	動	飾りつける
☐ unusual	形	珍しい；独特の
☐ be guaranteed to V		きっとVする
☐ delight	動	喜ばせる
☐ (be) in the shape of ～		～の形をして（いる）
☐ instead of ～		～の代わりに
☐ realistically	副	現実的に；写実的に
☐ include	動	含む
☐ flower pot		植木鉢
☐ gourmet	形	美食家の
☐ any way S V		SがVするどんなふうにも
☐ price	動	値段をつける
☐ budget	名	予算

模擬テスト2

模擬テスト 3

Part V

1. **正解：(D)**
   - **訳** その新しいインターネット会社には、従業員に対する服装規定がない。
   - **解説** 単語の問題です。codeは「慣例；規則」という意味で、**dress code**で「**服装規定**」**という意味になります**。レストランなどでもdress codeを設けているところがあります。
   - ☐ start-up　名 新興企業

2. **正解：(A)**
   - **訳** ダニエルが上司に叱責されたのはまた遅刻したからだ。
   - **解説** 単語の問題です。最初がreで始まる動詞が並んでいますが、それぞれ **reprimand**（叱責する）、**reciprocate**（応える；報いる）、**repel**（追い払う）、**reserve**（取っておく）という意味です。再び遅刻して上司から受けるのは「叱責」です。
   - ☐ late　形 遅れて

3. **正解：(B)**
   - **訳** 潜在的な顧客に魅力的に見えるように製品を売り出す方法はたくさんある。
   - **解説** 動詞の問題です。marketは名詞のほか、動詞としても使えます。「**～する方法**」**を**way**で表すには**way to do**と**way of doing**の2通りが可能**ですが、ここではtoがあるので、前者を使い、動詞は原形にします。
   - ☐ product　名 製品　　　　☐ attractive　形 魅力的な
   - ☐ potential　形 潜在的な

4. **正解：(C)**　　　　　　　　　　　　　　　　　　　　　　　頻出
   - **訳** ケビンはその国際会議に出席して、我が社の新製品の試作品を発表することになっている。
   - **解説** 動詞の問題です。attendは「出席する」という意味です。原形で使われているので、haveやbe動詞の直後に使うことはできません。willの後は、動詞の原形が来るので、(C)を選びます。
   - ☐ attend　動 出席する　　　☐ conference　名 会議
   - ☐ reveal　動 明らかにする　☐ prototype　名 試作品

5. 正解：(B) 盲点
   訳 失業率は何カ月かぶりに下がっている。
   解説 動詞の問題です。(A)のdeleteは「削除する」、(C)のdecideは「決定する」、(D)のdenoteは「示す」という意味です。for the first timeは「初めて」という意味ですが、in monthsが「何カ月かの間で」で、合わせて「何カ月かぶりで」という意味になります。

   □ jobless rate　失業率

6. 正解：(A) 頻出
   訳 スタッフ全員を代表して、あなたを我が社に喜んで迎えたいと思います。
   解説 熟語の問題です。on behalf of ～は、①「～のために」、②「～を代表して」の2つの意味があります。ここでは②の意味で使います。in regard to ～は「～に関して」、in consequence of ～は「～の結果として」という意味で、文意が通りません。

   □ entire　形 全体の　　　　□ welcome　動 歓迎する

7. 正解：(C)
   訳 その最高経営責任者は、いつも従業員から最良のものを期待する、意欲的なリーダーだ。
   解説 単語の問題です。関係代名詞who以下の説明が最も適している形容詞を選ぶ必要があります。aggressiveは「攻撃的な」と訳されることもありますが、「積極的な」の方が原意に近いでしょう。toughは「屈強な；手強い」で、少し意味がズレてしまいます。pensiveは「物思いに沈んだ」、obliviousは「忘れっぽい」です。

   □ expect　動 期待する

8. 正解：(D) 基礎
   訳 シートベルトを締めて、シートベルトのランプがついている間は、そのままの姿勢でお座り願います。
   解説 単語の問題です。seat beltsを「締める」のはfastenを使います。日本語でファスナーというのはこの動詞のfastenから派生したもので、英語でもfastenerと言います。

   □ remain　動 そのままでいる　　□ on　副 (電気器具などが)ついている

Part V

9. 正解：(B)
  訳 その顧客は明日到着するので、我々は、従業員全員につとめて礼儀よくしてもらいたい。
  解説 時制の問題です。主語がweなので複数の主語に対する動詞を選びます。また、未来のことなので、未来形でも書けますが、そのことを期待するのは現在なので現在形でも表せます。

  ☐ client　　　**名** 顧客
  ☐ on one's best behavior　つとめて礼儀正しくして

10. 正解：(C)　　　　　　　　　　　　　　　　　　　　　　　　　頻出
  訳 キャロルは最近疲れ気味で、なかなか仕事に集中できないでいる。
  解説 単語の問題です。**late**には「遅い」という形容詞も「遅く」という副詞もあります。**lately**は副詞で「最近」という意味で、現在完了時制（時として現在時制）と共に使います。later、latestはlateの比較級、最上級で「最近」の意味はありません。

  ☐ tired　　　**形** 疲れている　　　☐ concentrate on〜　〜に集中する

11. 正解：(D)
  訳 グレイソンさんは、昨日、中央支店から配属になった。
  解説 前置詞の問題です。transferは「移動させる」という意味で、ここでは「転勤させる」という意味で使われています。transfer 〜 from A to Bで「〜をAからBに移す」ですが、ここではtoがないので、fromを選びます。

  ☐ transfer　**動** 転勤させる；移動させる　☐ central　　**形** 中央の
  ☐ branch　　**名** 支店

12. 正解：(B)
  訳 そのハンドブックには、どのように仕事をきちんとこなしていくかについてたくさんの情報が掲載されている。
  解説 前置詞の問題です。informationとのつながりから、「〜についての情報」となるような前置詞を選びます。onの代わりにaboutやas toも使えます。

  ☐ handbook　**名** ハンドブック；手引書　☐ information　**名** 情報
  ☐ properly　　**副** 適切に　　　　　　　　☐ conduct　　　**動** 行う
  ☐ duty　　　　**名** 仕事；義務

13. 正解：(C)

訳 テリーは今週、毎日残業をしなければならなかったので、ストレスがたまっている。

解説 助動詞の問題です。have to Vで「Vしなければならない」です。空所の前のhasは現在完了を作るhasとしか考えられないので、ここでは現在完了時制でhave had to doという形になります。

- [ ] under 前 〜の下に
- [ ] stress 名 ストレス；緊張
- [ ] work overtime 残業をする

14. 正解：(C)

訳 その経営幹部は、詐欺行為の陰謀を行い、虚偽の財務諸表を提出したとして告発された。

解説 単語の問題です。conspiracyは「陰謀」という意味です。文意を考えると「告発する」という意味のchargeが適切です。chaseは「追いかける」、changeは「変える」、chapは「ひび割れる」という意味で、文意が通りません。

- [ ] executive 名 経営幹部
- [ ] conspiracy 名 陰謀
- [ ] commit 動 行う；(犯罪を)犯す
- [ ] fraud 名 詐欺
- [ ] file 動 提出する
- [ ] false 形 虚偽の
- [ ] financial statements 財務諸表

15. 正解：(C)

訳 発表された経済指標は上向きで、それが非常に楽観的な材料となっていたが、経済はまだ苦境を脱していない。

解説 関係詞の問題です。空所の後にwasがあるので、空所には接続詞か関係詞が入ります。空所の後の内容から、**主語は前の文全体**だと判断し、**文全体を先行詞にする関係代名詞which**を入れます。thatは前にコンマを置く非制限用法では使えません。

- [ ] economic numbers 経済指標
- [ ] reveal 動 明らかにする
- [ ] encouraging 形 楽観的にする；励ます

16. 正解：(A)

訳 ケンは今朝銀行に立ち寄って、彼の口座にお金を預けた。

解説 熟語動詞の問題です。stop by / in 〜で「〜に立ち寄る」という意味です。stop in at 〜を使うこともあります。また、stopの代わりにdropでも同じ意味になります。

- [ ] deposit 動 預金する
- [ ] account 名 口座

Part V

17. 正解：(D)　　　　　　　　　　　　　　　　　　　　　　　　　　　　[頻出]

訳　上向きの経済が株を押し上げているが、まだ昨年の水準には達していない。

解説　代名詞の問題です。空所には主語が入りますが、助動詞がhaven'tで、意味から考えても主語はstocksなので、複数の代名詞を選びます。この問題は一見、時制に関する問題のように見えますが、時制とは関係ありません。

- □ push　　　　　動 押す　　　　　□ stock　　　　　名 株式
- □ reach　　　　動 到達する

18. 正解：(B)

訳　ダーシーはカレンダーを調べていて、提出の締め切りに1日差で間に合わないことに気づいた。

解説　前置詞の問題です。deadlineは「締め切り（日）」という意味ですが、これに続く前置詞はforを使います。by a dayのbyは「差」を表す前置詞です。

- □ check　　　　　動 調べる　　　　□ realize　　　　動 気づく；理解する
- □ miss　　　　　動 逃す　　　　　□ deadline　　　名 締め切り
- □ submission　　名 提出

19. 正解：(C)　　　　　　　　　　　　　　　　　　　　　　　　　　　　[基礎]

訳　ジェームズは会社から支給される保険にも退職基金にも関心がなかった。

解説　接続詞の問題です。neither A nor Bで「AもBも…ない」という意味で、AとBの両方を否定する言い方です。not either A or Bも同じ意味になります。

- □ insurance　　　名 保険　　　　　□ retirement　　名 退職
- □ fund　　　　　名 基金

20. 正解：(B)

訳　その会社は最高経営責任者の急病のために、新製品の発表を延期した。

解説　時制の問題です。postponeは「延期する」という意味です。現在形は「いつも行われている習慣を表す」ことができますが、ここでは最高経営責任者の病気が理由なので、1回きりの行為と考えて、過去形を選びます。

- □ announcement　名 発表　　　　□ product　　　　名 製品
- □ sudden　　　　形 突然の

21. 正解：(C) 〔頻出〕

訳 サムは新しいクライアントができるといつでも、その人を食事に連れ出す。

解説 接続詞の問題です。複合関係詞（〜ever）にも接続詞的な用法がありますが、問題の2つの文のつながりを考えると「〜するときはいつでも」という意味になることが分かります。

- □ client　　　　　名 クライアント；顧客
- □ take out　　　　連れ出す

22. 正解：(B) 〔頻出〕

訳 これらの新しい電子機器は、消費者により良い機能とより多くの自由を提供する。

解説 形容詞の問題です。featureにはいろいろな意味がありますが、主語がelectronic devicesなので、「機能；使い勝手」の意味だと理解できます。**後ろのflexibilityが比較級のmoreで修飾されているので、それに合わせてgoodの比較級のbetterを選びます。**

- □ electronic　　形 電子（工学）の　　□ device　　名 機器；装置
- □ feature　　　名 機能；特徴　　　　□ flexibility　名 自由度；余裕

23. 正解：(D)

訳 そのコングロマリットは、会計年度の第4四半期に120万ドルの損失を被ったと発表した。

解説 動詞の問題です。a lossは「損失」という意味で、「損失を出す」という意味では動詞はhaveやsufferを使います。(C)のhaveは主語のitに合いません。

- □ conglomerate　　名 コングロマリット；巨大複合企業
- □ fiscal　　　　　形 会計の；財務の　　□ quarter　名 四半期

24. 正解：(A) 〔基礎〕

訳 統括マネジャーは来月まで、予定が詰まっている。

解説 形容詞の問題です。**untilは「〜まで（ずっと）」という意味の前置詞で、その後には、特定の「時」が入ります。**(C)はthe end of this monthならば可能です。until after 〜（〜を過ぎるまで）という言い方はありますが、その後にmonthだけでは意味不明の英語になります。

- □ general manager　　統括マネジャー　　□ opening　名（仕事の）空き
- □ schedule　　　　　名 予定（表）

43

Part V

25. 正解：(B)

訳 そのダウンロードは、あなたのインターネットの接続スピード次第では、かなり時間がかかるでしょう。

解説 前置詞の問題です。depend onはもともと動詞で「〜による」という意味です。そこからdepending on 〜で1つの前置詞と考えて「〜次第で；〜に応じて」という意味になります。独立分詞構文と考えてもよいのですが、onも含めて前置詞として覚えておきましょう。

- ☐ **download** 名（インターネットの）ダウンロード；データ取り込み
- ☐ **connection** 名 接続

26. 正解：(A)

訳 ミルズ氏は今日の午後、建物を調べるために工場に向かうだろう。

解説 動詞の問題です。ここではheadは動詞で「進む」、down to 〜は「(話し手から離れて)〜の方へ」という意味です。したがって空所に入るのは助動詞か副詞です。動詞は入りません。

- ☐ **head down to〜** 〜に向かう
- ☐ **factory** 名 工場
- ☐ **premises** 名 建物；敷地

27. 正解：(D)

訳 バリスさんは退社するのが待ちきれなくて、しょっちゅう時計を見ている。

解説 副詞の問題です。時計をどのように見ているか、と考えます。because以下が理由で「退社が待ちきれない」のですから、constantly（常に）を選びます。この進行形は、たび重なる動作に対して「非難」のニュアンスを持っています。

- ☐ **leave** 動 去る

28. 正解：(A)

訳 現在の世界の問題を扱う優れた解説がラジオで放送された。

解説 形容詞の問題です。commentaryはテレビやラジオの「(ニュース)解説」のことです。それを修飾するのに適した形容詞excellent（優れた）を選びます。その他は動詞の過去分詞形で、それぞれの意味は、exterminate（根絶する）、excommunicate（除名する）、exchange（交換する）。

- ☐ **commentary** 名 解説
- ☐ **address** 動（問題を）扱う；取り組む
- ☐ **problem** 名 問題

29. 正解：(B)

訳 広報担当がその企業の財務について、明日の記者会見で声明を出すことになっている。

解説 動詞の問題です。statementは「声明」という意味で、それに合った動詞を選びます。speakを他動詞として使うのは目的語が言語や特別な名詞の場合だけです。**make a statement**で「**声明を出す**」という意味になります。

- [ ] public relations　広報
- [ ] officer　名 係官
- [ ] be expected to V　Vする予定である
- [ ] regarding　前 ～に関して
- [ ] finance　名 財務
- [ ] press conference　記者会見

30. 正解：(A) 〔基礎〕

訳 所得税の用紙に記入して、今月末までに地元の税務署に持って行ってください。

解説 動詞の問題です。文の最初にPleaseがあるので、命令文であることが分かります。命令文は動詞の原形を使うので、bringを選びます。

- [ ] fill out　記入する
- [ ] form　名 用紙
- [ ] income tax　所得税
- [ ] local　形 地元の

31. 正解：(C) 〔頻出〕

訳 その会社の副社長は、不満のある従業員は組合のリーダーに直接話すようにと言った。

解説 関係詞の問題です。＜advise O to V＞で「OにVするように忠告する」という意味なので、目的語のthe employeesからgrievancesまでを1つのまとまりにする関係詞を選びます。空所の後が動詞のhadになっているので、人を先行詞とする主格のwhoが正解です。

- [ ] vice president　副社長
- [ ] grievance　名 不平；苦情
- [ ] union　（労働）組合

32. 正解：(D) 〔盲点〕

訳 天候が穏やかであれば、便はスケジュール通り運行されます。

解説 接続詞の問題です。**asにはいろいろな意味がありますが、接続詞の意味の1つに、「～のように」という状態を表す使い方があります。** ここではasの後ろにit isが省略されていると考えられます。as expected（予期されているように）も同じ使い方です。

- [ ] flight　名 （飛行機の）便
- [ ] proceed　動 進行［続行］する
- [ ] provided　接 もし～ならば
- [ ] weather conditions　天候状況
- [ ] remain　動 ～のままである
- [ ] calm　形 穏やかな

Part V

33. 正解：(B) 〔頻出〕

訳 その販売員は、今週は1件の売り上げもなかったのに、自分の販売能力を自慢した。

解説 接続詞の問題です。前半が「自慢している」こと、後半が「売り上げがない」ことと、矛盾した内容が並べてあるので、逆接になる接続詞を選びます。even though は though の意味を強めたものです。

- ☐ **boast** 動 自慢する ☐ **ability** 名 能力
- ☐ **sale** 名 販売

34. 正解：(C)

訳 ボブが今朝タイムカードを押したとき、タイムレコーダーは数分遅れていた。

解説 熟語の問題です。**punch in** は「**出勤してタイムカードを押す**」**という意味です**。退社するときに押す場合は punch out と言います。time clock は日本語で言うタイムレコーダー（これは正しい英語！）です。

- ☐ **be behind** （時計が）遅れている

35. 正解：(B)

訳 上司が重要な発表をするので、今日の正午に会合が開かれる。

解説 単語の問題です。announcement は「発表」という意味なので、それに適合する形容詞を選びます。import は「輸入する」という意味の動詞、importance は名詞です。imported は過去分詞で announcement を修飾はできますが、意味が通りません。

- ☐ **meeting** 名 会合 ☐ **announcement** 名 発表

36. 正解：(B) 〔頻出〕

訳 その建物の間取図には欠陥があるので、修正が必要である。

解説 接続詞の問題です。「欠陥がある」という前半に対して、後半は「修正されなければならない」となっているので、「したがって」という意味の接続詞 so を入れます。for では論旨が逆になります。

- ☐ **flaw** 名 欠陥 ☐ **floor plan** 間取図
- ☐ **revise** 動 修正する

37. 正解：(C)

訳 検察官は、その最高経営責任者を証券詐欺で告訴する書類を提出するもようである。

解説 単語の問題です。securityは「安全；無事」という意味ですがsecuritiesと複数になると「有価証券」の意味になります。**<charge 人 with ～>で「人を～で告訴する」という意味です**から、withの後には犯罪を表す言葉が入ります。(C)の「詐欺」が正解です。なお、frictionは「摩擦」、fringeは「へり」、frameは「枠；構造」という意味です。

- □ prosecutor 名 検察官
- □ file 動 提出する
- □ securities 名 有価証券

38. 正解：(B) [基礎]

訳 デボラは、財務計画についてあなたが知る必要のあるすべてのことを教えることができます。

解説 動詞の接続の問題です。**needの後に来る動詞はto不定詞と動名詞が考えられますが、動名詞を使うと「～される必要がある」という意味になります**。ここでは「知る必要がある」という意味にするために、to不定詞を選びます。

- □ financial 形 財務の
- □ planning 名 計画

39. 正解：(D)

訳 株式全体はその日一日変動なく終わったが、セントロ・テック社は数ポイント上がって引けた。

解説 接続詞の問題です。前半が「株式に変動がなかった」で、後半が「数ポイント上がった」となるので、逆接の接続詞を選びます。ここに挙げられている選択肢では、接続詞は(D)のalthoughのみで他は副詞です。altogether（全く；全体で）、accordingly（それに応じて；したがって）、afterward（後で）。

- □ stock 名 株式
- □ flat 形 変動の少ない；平らな

40. 正解：(A) [基礎]

訳 そのウイルス・プログラムは何千人というコンピュータ・ユーザーの間にまたたく間に広がった。

解説 前置詞の問題です。文意から「～の間に」という意味の前置詞を選びます。**amongは空間的に「～の間に」という意味もありますが、ここでは「～の全体に」という意味です**。なお、astrideは「～にまたがって」の意。

- □ virus 名 ウイルス
- □ program 名 （コンピュータの）プログラム
- □ spread 動 広がる
- □ rapidly 副 急速に

Part VI

41. 正解：(A)

解説 文意に適合する副詞を選ぶ問題。(B)「正確に」、(C)「本当に」、(D)「ひどく」はいずれも文意に合いません。したがって「最近」という意味の(A)latelyが正解です。なお、この副詞は本文のように主に現在完了形と共に用いられます。

42. 正解：(D)

解説 機械システムやネットワークなどが「落ちる」つまり「動作しなくなる」という意味を表現するのにはgo downという熟語を使うことができるので(D)が正解です。(A)「見上げる」、(B)「〜を拒絶する」、(C)「現れる」は、どれも文意に合いません。

43. 正解：(B) 　　　　　　　　　　　　　　　　　　　　　　　　　　　基礎

解説 appreciateという他動詞の目的語として感謝の対象となる、help（助力）と並ぶことのできる名詞を選ぶ問題です。(A)「入場許可」、(C)「宣伝」、(D)「賞賛」はいずれも文意に合いませんので、「助言」という意味の(B)adviceが正解となります。

訳 設問41〜43は、次のメールに関するものです。

宛先：マーシャル・ワッツ様
差出人：スタン・ウー
用件：ネットワーク・サーバーの保守

こんにちは、マーシャルさん
　当社は最近サーバーの問題を抱えており、修理のために技師を派遣していただきたいのです。当社の技師が全部点検しましたが、問題を特定できなかったようです。ネットワークは、毎日同時に不通になります。問題の原因が外部にあるかもしれないと考えられますか。
　とにかく、早ければいつごろ技術者を派遣していただけるかお知らせください。今が当社の最も忙しい時期ですので、少々急いでおります。ネットワークに関するこの種の問題には、私どもでは全く対処できないのです。
　どんなご協力や助言でもいただければ、本当にありがたく思います。

敬具
スタン

☐ maintenance	名	管理；保守
☐ lately	副	最近
☐ troubleshoot	動	（故障を）検査［修理］する
☐ take a look		見る
☐ pinpoint	動	特定する；正確に指摘する
☐ go down		動かなくなる
☐ at the same time		同時に
☐ cause	名	原因
☐ anyway	副	とにかく
☐ in a rush		大急ぎで
☐ a bit of ～		少し～
☐ can't afford ～		～できない；～の余裕がない
☐ appreciate	動	ありがたく思う
☐ Regards	名	敬具〈手紙の結びの言葉〉

Part VI

44. 正解：(B)　　　　　　　　　　　　　　　　　　　　　　　　　　　基礎

解説 空所の直後に原形動詞が置かれていることをヒントに解く問題。(A)「〜に間に合って」、(C)「〜とは対照的に」、(D)「〜の代わりに」はいずれも前置詞で終わり、直後に名詞を続けなければならない表現です。そして、in order to V は「V するために」という意味の目的を表す不定詞の表現ですので、正解は(B)。

45. 正解：(D)　　　　　　　　　　　　　　　　　　　　　　　　　　　頻出

解説 空所の直後の節の後、カンマを置き we would like......というもう一つの節が接続されていることから、空所には接続詞の働きをするものが入ると考えられます。ですから、(A)「それにしたがって」、(B)「さらに」は副詞なので不適切です。また、(C)「〜にもかかわらず」は直後に名詞が置かれなければならない前置詞なのでこれも不可。よって、「(S は V する）けれども」という意味の従属接続詞の(D)が正解。

46. 正解：(C)

解説 this Saturday を先行詞とする関係詞を選択する問題。(A)は場所を先行詞とする関係副詞で、(B)は人を先行詞とする関係代名詞の主格なのでいずれも不可。(D)は「〜するときはいつでも」という意味ですが文意に合わないので不可。したがって、時を表す言葉を先行詞とする関係副詞(C)when が正解となります。

訳　設問44〜46は、次のメールに関するものです。

宛先：トマス・リドストロム様
差出人：ビル・ヒューストン
用件：事務所の改装

拝啓 リドストロム様

　当社では、利用できるスペースを広げるために、事務所の改装を考えております。私の友人でコベントリー＆アソシエイツのチャールズ・コベントリーが、あなたにお話するよう勧めてくれました。あなたは町一番の建具師であり、彼の会社の改装では素晴らしいお仕事をされたと、彼から聞いております。当社にはコベントリー＆アソシエイツほどの十分な予算はございませんが、下見においでいただき、見積もりをいただければと思います。
　私どもは、各部屋を取り囲む壁の一部を取り壊して、一つの大きなスペース

を作りたいと考えております。しかしその作業の後に、それに加えて電気工事と新たな床張りも間違いなく必要になります。
　ご都合がよろしければ、社員が不在の今度の土曜日に当事務所へおいでいただき、どんな作業が必要かを見ていただければと思います。午前11時でよろしいでしょうか。
　どうぞお知らせください。

敬具
ビル・ヒューストン

- [ ] **remodel** 　　　　　　　動 改装する
- [ ] **utilize** 　　　　　　　　動 利用する
- [ ] **recommend** 　　　　　動 勧める
- [ ] **carpenter** 　　　　　　名 大工；建具師
- [ ] **firm** 　　　　　　　　　名 会社
- [ ] **not ..... quite .....** 　　　全く［必ずしも］‥‥‥というわけではない
- [ ] **budget** 　　　　　　　　名 予算
- [ ] **come down** 　　　　　やって来る
- [ ] **estimate** 　　　　　　　名 見積もり（書）
- [ ] **break down** 　　　　　取り壊す
- [ ] **enclose** 　　　　　　　動 取り囲む
- [ ] **electrical work** 　　　電気工事
- [ ] **flooring** 　　　　　　　名 床（張り）
- [ ] **as well** 　　　　　　　　その上
- [ ] **be convenient for ～** 　～にとって都合がよい
- [ ] **employee** 　　　　　　　名 従業員；社員
- [ ] **have a look at ～** 　　～を見る；～を調べる
- [ ] **Regards** 　　　　　　　名 敬具〈手紙の結びの言葉〉

Part VI

47. 正解：(D)　　　　　　　　　　　　　　　　　　　　　　　　　　　[基礎]

解説 (A)littleや(B)muchは不可算名詞に対して使われるので不可。また、(C)fewは可算名詞に対して使われるものの「ごくごく僅か」という否定的な意味を持つので、文脈に適合しません。**dozens of ～s**は「何ダースもの～」という意味で、文意にも合うので(D)が正解。日本語の感覚だと「何十もの～」といったところ。

48. 正解：(C)　　　　　　　　　　　　　　　　　　　　　　　　　　　[頻出]

解説 Food boothsという主語に対応するwill also be ......という述語部分があることから、空所以下の部分は主語を修飾する形容詞句を作っていると考えられます。そのため、(B)や(D)の形では名詞を修飾することはできないので不可。また、受動の意味はないので(A)の過去分詞形も不可。「～を表している」「～を代表している」という意味で主語を修飾する現在分詞の(C)が正解となります。

49. 正解：(B)　　　　　　　　　　　　　　　　　　　　　　　　　　　[盲点]

解説 (A)priceは「(物品等の) 価格」、(C)feeは「(専門職に対する) 謝礼」、(D)は「(乗り物の) 運賃」なので、いずれも文意に合いません。「入場料」という意味の(B)admissionが正解です。

訳　設問47～49は、次の告知に関するものです。

今年のカウンティ・フェアは、晴雨にかかわらず、6月10・11日の土・日に、共催会場で行われます。ご家族全員がお楽しみいただけるよう、多くの呼び物をご用意しております。どなたにもお楽しみいただける音楽、ダンス、マジックショーに加えて、お子様向けのあやつり人形ショーもございます。50の地元地域のレストランが出す食品屋台でも、食べ物や飲み物をお出ししますのでご自由にご利用ください。動物にさわれる動物園や、両日午後の動物ショーもお見逃しなく。フェアの入場料は、大人10ドル、お子様とお年寄りは5ドルです。5歳未満のお子様は無料です。フェアへの飲食物の持ち込みは禁止されておりますのでご注意ください。フェア会場へのペットの持ち込みもお断りしております。この週末は、カウンティ・フェアでお会いしましょう。

☐ county fair		（米国の）カウンティ・フェア〈郡の農産物などの品評会〉
☐ fairground	名	共催会場
☐ rain or shine		晴雨にかかわらず
☐ dozens of ～s		何十もの～；たくさんの～
☐ attraction	名	出し物；アトラクション
☐ suit	動	適合する
☐ entire	形	全部の
☐ puppet	名	あやつり人形
☐ A as well as B		BだけでなくAも
☐ booth	名	屋台
☐ represent	動	表す
☐ on hand		身近にある
☐ serve up		（料理を）出す
☐ petting zoo		動物にさわれる動物園
☐ admission	名	入場料
☐ senior citizen		お年寄り
☐ note	動	注目する；心に留める
☐ beverage	名	飲み物

Part VI

50. 正解：(C)　　　　　　　　　　　　　　　　　　　　　　　　　　　基礎

解説 (A)impressは「～に感銘を与える」という意味の動詞で、be動詞と混在させることはできないため不正解。(B)impressionは「印象」という意味の名詞、(D)impressiveは「印象的な」という意味の形容詞で、いずれもweを主語にする文の流れに合いません。というわけで、受動態を作るために(C)の過去分詞形を選択すればよいということになります。**be impressedは「感銘を与えられる」つまり「感銘を受ける」という意味**。

51. 正解：(B)

解説 文書やリストなどを「作成する」という場合にはdraw upという熟語を用いるため、(B)が正解。(A)は「～を拒絶する」、(C)は「～を調べる」、(D)は「～を横切る」という意味で、いずれも文意に合いません。

52. 正解：(A)　　　　　　　　　　　　　　　　　　　　　　　　　　　頻出

解説 (B)は「～に関して」「～に接触して」という意味の前置詞、(C)は「～の中へ」という意味の前置詞なので文意に合いません。また、(D)は接続詞なので、直後には節が置かれなければならないため不可。直後には名詞が置かれているため、「～の間」という意味の前置詞(A)duringが正解となります。

　訳　　設問50～52は、次のレターに関するものです。

エリオット・ヒックス様
390 ブッシェル通り
シドニー
オーストラリア

拝啓 ヒックス様

　先日は御社からご提示いただいた製品の説明に当事務所へお越しいただき、ありがとうございます。そちらのご説明には、大変感銘を受けました。そこで、御社のオフィス用家具のうち何点かを注文したいと思います。シタンの机20脚と、人間工学に基づくイス25脚を注文いたします。加えて、防音機能付きの間仕切りを1ダースお願いします。
　プレゼンテーション後に、大口で注文すればこれらの品は（値引きの）交渉が可能、とのご説明がありました。どの程度の値引きをお願いできますか。見積書をお作りください。
　また、これらの品の保証に関してもお知らせいただけますか。確か、営業プ

レゼンテーションの間には、この点のご説明がありませんでしたので。
　お時間を拝借してありがとうございます。御社の優良家具のいくつかを使わせていただけるのを楽しみにしております。

敬具
クリス・ヤング

- [ ] product　　　　　　　　名 製品
- [ ] offer　　　　　　　　　動 申し出る；提供する
- [ ] be impressed with 〜　　〜に感銘を受ける
- [ ] as a result　　　　　　その結果
- [ ] office furniture　　　　オフィス用家具
- [ ] rosewood　　　　　　　名 シタン
- [ ] ergonomic　　　　　　　形 人間工学の
- [ ] acoustical　　　　　　　形 防音機能を持つ
- [ ] partition　　　　　　　名 間仕切り
- [ ] as well　　　　　　　　同様に
- [ ] a dozen of 〜　　　　　１ダースの〜
- [ ] mention　　　　　　　　動 言及する
- [ ] regular price　　　　　定価
- [ ] item　　　　　　　　　名 品目
- [ ] negotiable　　　　　　 形 交渉の余地がある
- [ ] in bulk　　　　　　　　大口で；大量に
- [ ] draw up　　　　　　　　（文書を）作成する
- [ ] estimate　　　　　　　名 見積もり（書）
- [ ] warranty　　　　　　　名 保証（書）
- [ ] guarantee　　　　　　　名 保証（書）
- [ ] as I recall　　　　　　確か；ほら
- [ ] cover　　　　　　　　　動 取り扱う
- [ ] look forward to Ving　 Ｖするのを楽しみに待つ
- [ ] own　　　　　　　　　　動 所有する
- [ ] Sincerely　　　　　　　副 敬具〈手紙の結びの言葉〉

模擬テスト3

模擬テスト 4

Part V

1. **正解：(D)**

    訳 傑出した科学者集団が、環境の状態を議論するためにその国の指導者と会った。

    解説 単語の意味の問題です。空所の後にof the environmentとあるので、discuss（話し合う）にふさわしいものを探します。interior（内部）、style（様式）、form（形式）ではいずれも「環境」とつながりません。

    - prominent　形 優れた
    - discuss　動 話し合う；議論する
    - environment　名 環境

2. **正解：(C)**　　　頻出

    訳 事務労働者の方が、工場労働者よりも仕事のストレスを受ける可能性が高い。

    解説 熟語の問題です。＜be likely to V＞で「Vする可能性がある」という意味です。他の選択肢はすべて副詞ですが、このlikelyは形容詞で、moreが前に付いて比較級になっています。比べているのはoffice workersとfactory workersです。

    - suffer from〜　〜を受ける
    - stress　名 ストレス

3. **正解：(A)**　　　頻出

    訳 最新の数値によると、我が社の利益はこの四半期で5パーセント増加している。

    解説 熟語の問題です。コンマの後は「利益が上がっている」と言っているので、空所にはその判断のよりどころを示すaccording to（〜によれば）が入ります。as far as（〜に関する限り）は意味からは入りますが、接続詞なので、次に＜主語＋動詞＞が来なければなりません。

    - latest　形 最新の
    - figure　名 数字
    - profit　名 利益

4. **正解：(D)**

    訳 私どもの会社を貴社の宣伝のために選択していただいてありがとうございます。

    解説 単語の問題です。needは動詞も名詞もありますが、ここではyour advertisingに続くものとして、名詞を選択しなければなりません。なお名詞のneedは単数では「要望；要求」の意味ですが、複数では「需要；ニーズ」という意味になります。

    - choose　動 選ぶ
    - advertising　名 宣伝；広告

5. 正解：(B)
   訳 その有名なインターネット商店は、新しいネット食料品店を立ち上げた。
   解説 動詞の問題です。「新たに事業を始める」のはlaunchを使います。launchはもともと「槍（やり）」の意味で、動詞では「槍を投げる」という意味でしたが、今では船の進水、ロケットの打ち上げ、事業の立ち上げに使われます。
   □ online　　形 インターネット上の　　□ retailer　　名 小売業者

6. 正解：(B)　　盲点
   訳 繁華街にあるその新しい高級志向の洋品店は、人造毛皮のコートだけを売っている。
   解説 品詞の問題です。**imitationは名詞ですが、「人造の；模造の」という意味では形容詞的に用います**。imitateは「模倣する」という意味の動詞なのでimitated fur coatでは「(他の製品に)模倣された毛皮のコート」という意味になってしまいます。
   □ upscale　　形 高級な；上層向けの　　□ downtown　　形 繁華街の
   □ fur　　名 毛皮

7. 正解：(C)
   訳 その店員は、客の100ドル札を小銭にすることができなかった。
   解説 動詞の形の問題です。be unable to Vは「Vすることができない」という意味で、反対の意味を持つbe able toと同様、後に続くのは動詞の原形です。
   □ shop clerk　　店員　　□ bill　　名 札

8. 正解：(B)　　頻出
   訳 自分のビジネスを売り出す1つの方法は、自分の目指す客がいるところに実際に行くことである。
   解説 関係詞・疑問詞の問題です。goの後に来るものは副詞的な役割を果たすものでなければなりません。**whereはto the place whereと置き換えられます**。whoとwhatを使った節は名詞の役割しか果たしません。
   □ market　　動 売る　　□ actually　　副 実際に
   □ target　　名 的；ターゲット

Part V

9. 正解：(D)

訳 その2社は同じ日に似たような販売キャンペーンを始めた。

解説 形容詞の問題です。similarは「似たような」という意味の形容詞です。同様の意味の形容詞でもalikeは名詞の前で使うことはできません。resembleは動詞です。sameは「同じの」という意味のときにはtheを使います。

- □ corporation　名 会社
- □ release　動 公開する；発売する
- □ campaign　名 キャンペーン

10. 正解：(C)　　　　　　　　　　　　　　　　　　　　　基礎

訳 私どもとの面会に都合のよい日時を秘書にお知らせください。

解説 単語の意味の問題です。itは後ろのto meet with usを指すので、その主語に合うのは「都合がよい」という意味のconvenientです。他の単語は意味が通じません。

- □ meet with〜　〜と面会する

11. 正解：(B)

訳 月曜日は優良株が前代未聞の安値に落ち込んだ。

解説 単語の問題です。dropは「下がる」という意味で、all-timeは「空前絶後の」という意味です。名詞のdownは複数形の場合は「逆境」という意味なので、ここでは文意が通りません。

- □ blue-chip　形 優良（株）の
- □ all-time　形 空前絶後の

12. 正解：(A)

訳 そのエレクトロニクス企業は、新しい無線eメールの装置開発の先駆者となった。

解説 時制の問題です。pioneerは「先駆けとなる」という意味です。現在形では意味が不自然になります。進行形も考えられますが、(B)はpioneeringだけでbe動詞がありません。

- □ electronics　名 電子工学；エレクトロニクス
- □ wireless　形 無線の
- □ device　名 装置

13. 正解：(D) 〔頻出〕

訳 ポールソンさんは1時間ほどデスクを離れているが、だれも彼がどこへ行ったのか知らない。

解説 熟語の問題です。be away from ～ で、文字通りには「～から離れている」という意味で「その場にいない」ということです。aroundは「～の周りにいる」ということで、意味が通りません。

- [ ] be away from～　　～のところにいない

14. 正解：(C) 〔盲点〕

訳 お客様相談窓口担当者とお話しされる場合は、ゼロのボタンを押してください。

解説 前置詞の問題です。speakは他動詞と自動詞がありますが、話し相手を目的語にとることはできません。そこで前置詞を使うわけですが、相手を表す前置詞はwithです。talk withでも同じ意味です。

- [ ] representative　名 担当者；代表
- [ ] press　動 押す

15. 正解：(A)

訳 その工場は火災で建物の一部が崩壊して、操業できなくなった。

解説 動詞の問題です。setbackは「進歩の妨げ」とか「挫折」という意味です。afterの後の内容から、工場の操業に支障が出たことを表現していると考えます。suffer（被る）の他にexperienceやfaceも使えます。

- [ ] setback　名 挫折；後退
- [ ] fire　名 火災

16. 正解：(B) 〔頻出〕

訳 ビルと工場主との会見は水曜の午前9時と決まった。

解説 動詞の問題です。まず文の主語がappointmentと単数なので、haveを使っている(C)と(D)は正解から除かれます。またscheduleという動詞は「～を予定する」という意味なので、主語がappointmentであることを考えると受動態にしなければならず、be動詞が必要です。

- [ ] appointment　名 (会合の) 約束
- [ ] manufacturer　名 工場主；製造業者
- [ ] schedule　動 予定する

Part V

17. 正解：(B)　　　　　　　　　　　　　　　　　　　　　　　　　　　　[頻出]

訳　フローレスさんは、その会社の今までで最大の取引を獲得した後で昇進した。

解説　接続詞・前置詞の問題です。**空所の後がlandingという動名詞になっているので、接続詞ではなく前置詞を選びます。**afterには接続詞と前置詞の両方の働きがあります。overは前置詞ですが、ここでは意味をなしません。becauseは接続詞です。

- ☐ promote　動 昇進させる　　　☐ land　動 獲得する
- ☐ account　名 取引

18. 正解：(C)

訳　経済専門家は、休暇シーズンの間は雇用の増加率が高くなることを予測している。

解説　接続詞・前置詞の問題です。the holiday seasonは名詞句なので空所には前置詞を入れます。意味の上からはwhileとduringが候補になりますが、whileは接続詞なのでここでは使えません。

- ☐ economist　名 経済専門家　　☐ predict　動 予測する
- ☐ growth　名 成長

19. 正解：(A)　　　　　　　　　　　　　　　　　　　　　　　　　　　　[基礎]

訳　ハンセンさんは、有名な衣料品チェーン店の最高経営責任者と会うためにヨーロッパに飛行機で行くだろう。

解説　動詞の問題です。flyは「飛行機で行く」という意味の動詞です。そのまま動詞として使うので、助動詞willの後は原形になります。(D)の未来完了は未来を示す言葉がないと、意味が通りません。

- ☐ fly　動 飛行機で行く　　　☐ chain　名 チェーン店

20. 正解：(D)

訳　ドーソン氏とクレイソン氏は新しい提携の詳細を話し合うために、昼食をとりながら会議をすることになるだろう。

解説　動詞の問題です。この文の動詞はwill haveなので、空所には動詞そのものは入りません。ここでは「～するために」という目的を表す不定詞を入れます。

- ☐ alliance　名 提携；協力

21. 正解：(C)

訳 地震の後、スタッフ全員が建物から立ち退かなければならなかった。

解説 動詞の意味の問題です。(A)のexaggerateは「誇張する」、(B)のevaporateは「蒸発する・させる」、(D)のeventuateは「結局〜になる」という意味で、いずれも文意に合いません。(C)のevacuateは「(建物など)を明け渡す；〜から避難する」という意味です。

☐ entire　　形 全体の　　　　☐ evacuate　動 〜から避難する

22. 正解：(D)　　　　　　　　　　　　　　　　　　　　　　基礎

訳 毎年恒例の半額セールのため、デパートの前にはたくさんの人々が列を作っている。

解説 形容詞の問題です。peopleは「人」を意味するときには複数の名詞として扱います。mostはある集団の中の「ほとんど」という意味です。muchは数えられない名詞を修飾して「たくさんの」という意味になります。

☐ line up　　　　並ぶ　　　　☐ annual　　形 毎年の

23. 正解：(A)　　　　　　　　　　　　　　　　　　　　　　基礎

訳 缶やビンはすべて従業員用休憩室のリサイクル用ゴミ箱に捨ててください。

解説 前置詞の問題です。inは「中」、atは「目標」、onは「接触」、fromは「起点」が主たる意味です。ここでは空所の後にthe recycling binがあるので「中」の意味のinを選びます。

☐ dispose of〜　　〜を捨てる　　☐ bin　　　名 ゴミ箱
☐ lounge　　　　名 休憩室；談話室

24. 正解：(C)　　　　　　　　　　　　　　　　　　　　　　盲点

訳 新しい受付係はとても愛想がよくて気さくだ。

解説 単語の問題です。down-to-earthは文字通りには「地に足がついている」ということから「現実的な；実際的な」という意味ですが、「徹底的な」とか「気さくな；さばけた」という意味もあります。

☐ receptionist　　名 受付係
☐ down-to-earth　形 気さくな；実際的な

Part V

25. 正解：(B)　　　　　　　　　　　　　　　　　　　　　　　　　　　　　頻出

　訳　霧がとても濃かったので、そのトラックの運転手は高速道路の出口を見失った。

　解説　形容詞の問題です。fog（霧）が「濃い」には、thickの他にdenseやheavyも使います。単にbad fogと言うこともあります。反対に薄い場合はlightやslightを使います。

- fog　　　名 霧　　　　　　　　　　　thick　　　形 濃い；厚い
- miss　　動 見失う　　　　　　　　　 freeway　　名 高速道路
- exit　　 名 出口

26. 正解：(D)

　訳　ミラーさんは有名なイタリアの紳士服店からあつらえのスーツを買った。

　解説　単語の問題です。tailoredは形容詞（元は動詞ですが）で「あつらえの」という意味なので、空所には名詞が入ります。冠詞のaがあることから単数の単語を選びます。

- tailored　　形 仕立ての　　　　　　　suit　　　名 スーツ

27. 正解：(C)

　訳　現在の書店の流行は、インターネット上での店舗の展開である。

　解説　動詞の意味の問題です。onlineは「インターネットの」という意味で使われます。presenceは「存在」という意味です。この文の主語はtrendですが、空所はto不定詞なので原形のhaveを入れます。

- trend　　　名 傾向　　　　　　　　　online　　形 インターネットの
- presence　 名 存在

28. 正解：(A)

　訳　部長は在庫目録を作り、そのデータをプログラミングしてデータベース化した。

　解説　前置詞の問題です。programは動詞では「計画する」という意味ですが、コンピュータ用語ではカタカナ語で「プログラミングする」という意味で使われます。databaseも「データベース」として日本語になっています。データベース化するという意味にするのでintoを使います。

- inventory　 名 在庫目録　　　　　　　database　　名 データベース

29. 正解：(B)

訳 その宣伝キャンペーンは大成功で、多くの客を獲得した。

解説 熟語の問題です。be successfulは「うまくいく」という意味なので、「多くの客を得る」という意味にします。**bring inは「持ち込む；引き入れる」という意味です**。前置詞のinから推測することもできます。

☐ campaign　　名 キャンペーン
☐ successful　　形 成功した；うまくいく

30. 正解：(C)

訳 証明が得られずに、ジャニスは辞任しなければならなかった。

解説 動詞の問題です。fail to Vは「Vし損なう」、be forced to Vは「Vせざるを得ない」という意味です。そこで「get certificationできなかった結果、resignしなければならなかった」と考えます。restoreは「回復する」、remitは「（お金などを）送る」、reiterateは「繰り返して言う」です。

☐ fail to V　　Vし損なう　　　☐ certification　　名 証明
☐ be forced to do　～せざるを得ない　☐ resign　　動 辞任する

31. 正解：(D) 　　　　　　　　　　　　　　　　　　　　　　　[基礎]

訳 そのコンピュータのシリアル番号（製造番号）は領収書の番号と合っていない。

解説 単語の問題です。serialは「連続の」という意味で、serial numbersで電化製品やコンピュータのアプリケーションなどに付いている「製造番号」の意味になります。

☐ serial numbers　シリアル番号；製造番号
☐ match　　動 一致する　　　☐ receipt　　名 領収書

32. 正解：(D) 　　　　　　　　　　　　　　　　　　　　　　　[頻出]

訳 その積み荷は昨日到着したが、その品物のほとんどが損傷を受けていた。

解説 主語と動詞の呼応の問題です。but以下の主語はmost of the itemsですが、**most of ～は～が複数であれば複数として、単数や不可算名詞の場合は単数として処理します**。ここではitemsと複数なので動詞も複数の主語と一致するものを選びます。

☐ shipment　　名 積み荷　　　☐ item　　名 品物
☐ damage　　動 損害を与える

Part V

33. 正解：(B)

訳 グレンはその会社の職を辞めて、自分の事業を立ち上げるつもりだ。

解説 動詞の問題です。空所の後ろにはhis own business（自分の事業）があるので、それをどうするのかと考えると、search（捜索する）やpay（支払う）では意味が通らないと判断できるでしょう。open（開設する）が正解です。

☐ quit　　　動 辞める　　　　☐ position　　名 地位

34. 正解：(C)　　　　　　　　　　　　　　　　　　　　　　　　基礎

訳 ベンは木曜日の締め切りに間に合わせるために、残業しなければならない。

解説 熟語の問題です。in order to Vで「Vするために」と目的を表します。to Vだけでも同じ意味がありますが、to Vは意味がたくさんあるので明確にするためにin orderを用いることがあります。同じ意味はso as to Vでも表せます。

☐ work overtime　残業する
☐ make the deadline　締め切りに間に合う

35. 正解：(A)

訳 フルサム氏は重要な顧客と会っているので、邪魔するわけにはいかない。

解説 動詞の問題です。**disturbは「今、行っていることを中断させる」という意味です。**したがって、相手が眠っているときには「起こす」という意味にもなります。ここでは顧客と会っているところを「邪魔される」という意味の受動態だと考えます。distraughtは「困惑した」、disorientedは「混乱した」、disbandedは「解散した」の意味です。

☐ client　　　名 顧客　　　　☐ disturb　　動 邪魔をする

36. 正解：(A)　　　　　　　　　　　　　　　　　　　　　　　　盲点

訳 巨大な総合映画館が我が社の建物から通りを挟んだ向い側に建設される。

解説 前置詞の問題です。紛らわしいのはbeyondですが、beyondは「～を越えた向こうの方に」という意味で、ここではcinema complexは道路に面しているのでacrossを使います。**acrossは「～を渡ったところ」という意味です。**

☐ huge　　　形 巨大な　　　　☐ complex　　名 複合施設

37. 正解：(C)

訳 その最高経営責任者は慈善事業への貢献によって賞を受けた。

解説 品詞の問題です。his は he の所有格か独立所有格です。所有格の場合は直後に必ず名詞を伴い、独立所有格の場合（「彼のもの」という意味）は単独で用います。ですから空所には名詞が入ります。

- □ award　　動（賞などを）与える　　□ prize　　名 賞
- □ charity　　名 慈善事業

38. 正解：(B)

訳 上司は、明日の会議への出席は従業員全員の義務であると言った。

解説 単語の問題です。選択肢はいずれも形容詞ですが、sedentary（座って行う）、explanatory（説明的な）、sanitary（衛生の）では意味が通じません。**mandatory** は「**義務の；必須の**」という意味です。

- □ mandatory　　形 義務の　　　　□ attend　　動 出席する

39. 正解：(D)　　　　　基礎

訳 政府はこれから数年間で赤字を半分にしたいと思っている。

解説 助動詞の問題です。空所の後に to 不定詞が来ていることに注目します。can や will は動詞の原形が続きます。want to では to が重なってしまいます。**would like** は **want** の穏やかな表現です。

- □ government　　名 政府　　　　□ deficit　　名 赤字

40. 正解：(C)　　　　　頻出

訳 その販売員は、そのイベントにはホテルかコンサートホールのどちらかが適切な開催場所だろうと思った。

解説 接続詞の問題です。the hotel or the concert hall の or に注目しましょう。**or** でつながれた2つのどちらかと言う場合には **either** を使います。neither A nor B とすれば両方とも否定することになります。

- □ salesperson　　名 販売員　　　□ venue　　名 開催場所
- □ event　　名 イベント

Part VI

41. 正解：(B) 盲点

解説 stopには「止まる」という動詞としての使い方に加えて、「停止」という名詞としての使い方もあります。この場合はmakeという他動詞の目的語になっているので、名詞としての用法だと考えられます。また、文脈上、複数回停止をすると考えられるので、複数形を選択します。

42. 正解：(A)

解説 bed and breakfast innsは「朝食付き宿屋」という意味で、これを修飾する適切な意味の形容詞を選ぶ問題です。(B)「強制的な」、(C)「食用の」、(D)「共産主義の」ではいずれも文意に合いませんので、(A)「快適な」が正解です。

43. 正解：(B) 頻出

解説 場所名を前から修飾し、「近くの〜」という意味を表現する場合には、nearby 〜 という表現を使います。nearbyは名詞を直後から修飾することもあります。

訳 設問41〜43は、次の記事に関するものです。

カリフォルニア海岸へ行くには、今が申し分ない時期です。お天気は、この時期が一年で最高です。ロサンゼルスからサンフランシスコまで、カリフォルニア州の中央を通ってドライブすることもできますが、たいていの皆さんは海岸沿いのより景色のよい経路をお選びになります。あなたも、海岸沿いを立ち寄りをしながら走ってみませんか。沿岸で最も人気のある場所の一つが、海沿いの古風な行楽地、カーメルです。当地では、数多い朝食付きの宿から一つを選んで宿泊し、朝は長く続く白い砂浜の散歩ができます。付近のモントレーでは、ゴルフをしたり、現地の有名な水族館を訪れることができます。そこで、次に休暇をお取りになる際には、旅先としてカリフォルニアをぜひご検討ください。

- □ **scenic** 形 景色のいい
- □ **make a stop** 止まる
- □ **quaint** 形 古風な趣の；風変わりな
- □ **bed and breakfast inn** 朝食つきの宿屋
- □ **nearby** 形 近くの
- □ **aquarium** 名 水族館
- □ **destination** 名 目的地

44. 正解：(B) 　　　　　　　　　　　　　　　　　　　　　　　基礎

解説 following 〜は分詞構文の慣用表現で、「〜に引き続き」という、after 〜と似たような意味になります。ちなみに、followという動詞はもともと「〜の後に続く」という意味。

45. 正解：(C)

解説 take 〜 into custodyは「〜を収監する」という意味の慣用表現で、本文ではbe taken into custody（収監される）という受動態で用いられています。(A)「顧客」、(B)「管理人」、(D)「習慣」ではいずれも文意に合いません。

46. 正解：(C) 　　　　　　　　　　　　　　　　　　　　　　　盲点

解説 to add to 〜は「〜に加えて」という意味の副詞句を作る不定詞の慣用表現です。besides 〜、in addition to 〜とも言い換えることができます。

訳 設問44〜46は、次の記事に関するものです。

> ニューヨーク——ハンプトン社は本日、詐欺行為に対する新たな申し立てが行われた後、倒産した。先週、ハンプトン社がより多くの投資家を引き込むために利幅に関して虚偽の説明をしたことが発覚した後に、同社のCEOフランク・バタリック氏は拘留処分を受けた。新たな申し立てでは、同社が投資家に対して税制上のリスクを明示するのを怠っていたと述べられている。またハンプトンは、2年間脱税を行っていた。ハンプトン争議に加えて、銀行数社が同社に対して借入金未払いの訴訟を起こしつつあり、その総額は5億ドルに達する。ライバル社であるジャービス社のCEOジョージ・ジャービス氏はハンプトン（の買収）を危険だと述べているため、同社がハンプトンを買収するかどうかは明らかでない。ジャービス社のスポークスマンは、噂される買収に関する論評を拒んだ。

☐ corporation	名 法人；会社	☐ close its doors	倒産する
☐ allegation	名 申し立て	☐ fraud	名 詐欺
☐ take 〜 into custody	〜を拘留する	☐ profit margin	利幅
☐ bring in	招き入れる；参加させる	☐ investor	名 投資家
☐ state	動 述べる	☐ neglect	動 怠る
☐ reveal	動 明らかにする	☐ evade	動 逃れる；免れる
☐ sue A for B	BのことでAを告訴する	☐ add up to 〜	総計〜に達する
☐ buy out	（会社を）買収する	☐ comment on 〜	〜について論評する

Part VI

47. 正解：(A)
解説 (B)in regardingのinは不要なので不可。regarding 〜で「〜に関して」という意味になります。また、(C)「流行して」、(D)「〜に賛成して」は、いずれも文意に合いません。したがって、「〜に応じて」という意味の(A)が正解となります。

48. 正解：(C)
解説 experienceという直後の名詞を修飾する形容詞を選択する問題。まず、(D)broadenは「広げる」という意味の動詞なので不可。また、文中に比較対照はなく、比較級や最上級を使うのは不自然なので(A)(B)は不可。よって、「広い」という意味の形容詞、(C)broadが正解。

49. 正解：(D) 　　　　　　　　　　　　　　　　　　　　　　　　　頻出
解説 for the past 〜 yearsは「過去〜年間」という意味の表現で、しばしば現在完了形と共に使われます。for the last 〜 yearsとも表現できます。

文章訳 設問47〜49は、次のレターに関するものです。

ハリソン・グレンジャー様
ドーソン社
1920 ウォラス通り
スプリングフィールド
イリノイ州

拝啓 グレンジャー様

　スプリングフィールド・タイムズ紙の販売部長募集の広告に応募するため、お便り申し上げます。同職への私の志願書をご検討ください。
　同封した履歴書では、フォーサイス社での私の販売部長兼マネージャーとしての幅広い経験を詳述しております。ご存じのとおり、フォーサイス社は御社と同類の会社ですので、私は既に業務に十分精通しております。私は過去10年間にわたり同社の販売部長として勤務し、その間に売り上げは10倍に増加しました。しかし最近、同社は大手複合企業体に売却されたため、私はこの機会を利用して別の勤務先を探しております。
　私は、貴ドーソン社に多大な貢献ができるものと確信しております。私の資格証明をご照覧いただき、必要な条件を私が備えているかどうかをお確かめください。そちらのご都合に合わせて、面接の用意をいたします。私へのご連絡

は、電話、電子メール、普通郵便が使えます。ご返事をお待ちしております。

敬具
カレン・ワトソン
同封書類あり

- [ ] Drive 〜　　　　　　〜通り → 「地名＋Drive」の形で使う
- [ ] in response to 〜　　〜に応えて
- [ ] ad　　　　　　　　名 広告
- [ ] sales director　　　販売部長
- [ ] application　　　　名 応募；申し込み（書）
- [ ] enclose　　　　　　動 同封する
- [ ] résumé　　　　　　名 履歴書
- [ ] highlight　　　　　動 強調する
- [ ] broad　　　　　　　形 広い
- [ ] aware　　　　　　　形 知っている；気づいている
- [ ] be similar to 〜　　〜に似ている
- [ ] be familiar with 〜　〜をよく知っている
- [ ] tenfold　　　　　　副 10倍に
- [ ] huge　　　　　　　形 巨大な
- [ ] conglomerate　　　名 コングロマリット、複合企業
- [ ] opportunity　　　　名 機会
- [ ] elsewhere　　　　　副 他のところで
- [ ] confident　　　　　形 確信している
- [ ] make a contribution to 〜　〜に貢献する
- [ ] look over 〜　　　　〜に目を通す；〜を（詳しく）調べる
- [ ] qualification　　　名 資格；免許状
- [ ] at 〜's convenience　〜の都合のよいときに
- [ ] contact　　　　　　動 連絡を取る
- [ ] look forward to 〜　〜を楽しみに待つ
- [ ] response　　　　　名 返答
- [ ] Sincerely yours　　敬具〈手紙の結びの言葉〉
- [ ] enclosure　　　　　名 同封物

模擬テスト4

Part VI

50. 正解：(A)　　　　　　　　　　　　　　　　　　　　　　　　　　基礎

解説 空所の直後にはnext month,から文末まで続く完全な文があり、knowという他動詞の目的語となる名詞節を作っています。「SがVするということ」という意味の名詞節はthat S Vという接続詞の構文を使って作ることができます。文脈上、方法や理由を表してはいないので(B)や(C)は不適当。また、関係代名詞whatの直後には目的語のない不完全な文がこなければならないため(D)も不正解になります。

51. 正解：(D)　　　　　　　　　　　　　　　　　　　　　　　　　　頻出

解説 keep in touch with ～は「～と連絡をとり続ける」という意味の慣用表現なので、これに当てはまる(D)が正解です。

52. 正解：(C)

解説 目的を表す不定詞の動詞を補充する問題。不定詞の直後は原形動詞でなければならないため、(A)(B)は不可。また、liveはふつう自動詞で直後に目的語を置かないため、(D)は不可。「活気づかせる」という意味の他動詞である(C)が正解です。

訳　設問50〜52は、次のメールに関するものです。

宛先：レイ・バーンズ様
差出人：ルイーザ・ゴメス
用件：10周年記念同窓会

こんにちは、レイ。
　リッジモント高校の昔のクラスで、来月に内輪の同窓会を行うお知らせをしたいと思い、お便りしました。15日の土曜日に、ノースショア・ホテルの宴会場で行います。今のところ、私たちのグループのうち約25人から、出席するとの返事をもらっています。5人は出席できないとのことです。私はクラスのほとんどの人とメールで連絡を取り続けていますが、直接みんなと一緒に会えるのが楽しみです。
　ところで、その晩に少し場を盛り上げるために、司会者がいればいいかもしれないと、私たちは考えているところです。あなたは、やってみたいと思いませんか。メアリとジェイソンは歌を歌うのを承知してくれていて、カーラはチェロを弾きます。あなたに司会者の役をしてもらえるかどうかを教えてください。
　近いうちにご相談しましょう、よろしく。

ごきげんよう。
ルイーザ

- [ ] **reunion** 　　　　　　　　名 同窓会
- [ ] **banquet room** 　　　　　　宴会場
- [ ] **so far** 　　　　　　　　　今までのところ
- [ ] **respond** 　　　　　　　　動 返答する
- [ ] **decline** 　　　　　　　　動 断る
- [ ] **keep in touch with ~** 　　~と連絡を保つ
- [ ] **in person** 　　　　　　　自分で；本人が直接に
- [ ] **master of ceremonies (MC)** 　司会者；進行係
- [ ] **liven up** 　　　　　　　　活気づける
- [ ] **agree to V** 　　　　　　　Vするのに同意する
- [ ] **cello** 　　　　　　　　　名 チェロ
- [ ] **available** 　　　　　　　形 応じられる；手があいている
- [ ] **Cheers** 　　　　　　　　間 さようなら〈電話や手紙の最後のあいさつ〉

模擬テスト 5

Part V

1. **正解：(B)**　　　　　　　　　　　　　　　　　　　　　　　　　基礎

   訳 生態学者は、地球温暖化がいつの日か地球の環境を破壊するかも知れないことを心配している。

   解説 時を表す副詞句の問題です。one day は過去の「ある日」という意味もありますが、未来の「ある日」も表せます。同じ意味で未来を指す言葉には some day があります。

   - ecologist　　名 生態学者
   - global warming　　地球温暖化
   - destroy　　動 破壊する

2. **正解：(C)**

   訳 ザビアー氏は、旅行のためにホテルをインターネットで予約するつもりだ。

   解説 動詞の問題です。go to や try でもよさそうですが、online（インターネットで）とあるので、インターネットを使って行う book（予約する）を選ぶべきです。

   - book　　動 予約する
   - online　　副 インターネットで

3. **正解：(A)**　　　　　　　　　　　　　　　　　　　　　　　　　基礎

   訳 アナリストたちは、経済がこれから数年にわたって上向きになるはずだと言っている。

   解説 前置詞の問題です。the next few years の前に使う言葉なので期間を表す前置詞を選びます。over には「〜にわたって」と期間を表す意味があります。

   - analyst　　名 アナリスト
   - pick up　　上向きになる

4. **正解：(D)**　　　　　　　　　　　　　　　　　　　　　　　　　頻出

   訳 キャンベリーさんは、その会議で招待客への挨拶を担当するだろう。

   解説 熟語の問題です。be in charge of 〜 で「〜を担当している」という意味になります。in spite of 〜 は「〜にもかかわらず」、in front of 〜 は「〜の前で(に)」という意味です。

   - in charge of〜　　〜を担当して
   - greet　　動 挨拶する
   - conference　　名 会議

5. 正解：(B)
   訳 ウェンディは月曜の締め切りに間に合うように、週末中ずっと働かなければならなかった。
   解説 熟語の問題です。in order to V は「V するために」という意味の熟語ですが、to の後は必ず動詞の原形が来ます。

   □ weekend　名 週末　　　　□ deadline　名 締め切り

6. 正解：(C)
   訳 デニソン氏は、忙しくて出かけられないので、今日の昼食は机の上でとることになるだろう。
   解説 動詞の問題です。まず助動詞 will の次に来るのは必ず動詞の原形です。そして空所の後には lunch があるので、空所に入るのは他動詞です。it を入れることはできません。eat out は「外食する」という意味ですが、eat in という言い方はありません。**will be Ving は予定を表す言い方です**。

   □ go out　　外出する

7. 正解：(B)　　　　　　　　　　　　　　　　　　　　　　　頻出
   訳 その計画は大成功だったので、上司は関係した全員を昇給させた。
   解説 接続詞の問題です。「大成功」と「昇給」の関係を考えます。**so は接続詞として「それで」とか「そこで」という意味があります**。for では因果関係が逆になってしまいます。

   □ project　名 計画；プロジェクト　　□ huge　形 巨大な
   □ involved　形 関係している　　　　□ raise　名 昇給

8. 正解：(A)
   訳 原子力は将来的には、もっと危険性のないエネルギーに取って代わられるべきだ。
   解説 助動詞の問題です。replace は「～に取って代わる」という意味です。ここでは意味の上から受動態にして、なおかつ in the future とあるので未来を表現しなければなりません。

   □ nuclear　形 原子力の；核の　　□ replace　動 取って代わる
   □ in the future　将来には

Part V

9. 正解：(C)　　　　　　　　　　　　　　　　　　　　　　　　　　[頻出]

訳 その会社は従業員に、一生懸命に働くためのさらなるインセンティブを与えた。

解説 名詞の問題です。**incentive は可算名詞と不可算名詞の両方で使います。**ここでは incentives と複数形になっているので、可算名詞として扱います。best や most は最上級なので the が必要です。much は不可算名詞を修飾します。

☐ incentive 　　　名 インセンティブ；励みになるもの

10. 正解：(A)

訳 マネジャーは事業を拡大するために新しいアイデアを募ろうと、社員とブレインストーミングのセッションを開いた。

解説 不定詞の問題です。空所の前に to があり直後に business という名詞があるので、空所には動詞の原形を入れて「～するために」という意味の to 不定詞になるようにします。

☐ brainstorming 　　名 ブレインストーミング；集団思考
☐ session 　　　　　名 セッション；集まり　　☐ gather up　　　集める
☐ increase 　　　　　動 増やす

11. 正解：(D)

訳 その都市の停電は、コンピュータ化されたシステムの不調で起こった。

解説 動詞の意味の問題です。空所の前に be 動詞の was があり、選択肢がすべて過去形（過去分詞形）なので受動態と考えて適切なものを選びます。**cause は「～を引き起こす」という意味です。**

☐ power outage 　　停電　　　　　　　　☐ cause 　　　　動 引き起こす
☐ glitch 　　　　　　名 不調；突然の故障

12. 正解：(B)　　　　　　　　　　　　　　　　　　　　　　　　　　[基礎]

訳 そのウェブ・デザイナーは、その政府機関のさらによいサイトを作るために雇われた。

解説 動詞の問題です。**hire は「～を雇う」という意味です。**空所の前に be 動詞の was があるので、空所に入るのは現在分詞か過去分詞ですが、意味の上から受動態にするために過去分詞を選びます。

☐ website 　　　　　名 ウェブサイト　　☐ government 　　名 政府
☐ agency 　　　　　名 機関

13. 正解：(A) 〔頻出〕

訳 その企業は連邦法に対して重大な違反を犯したことで、罰金を科せられた。

解説 形容詞の問題です。commitは「(犯罪など)を犯す」、violationは「違反」という意味です。空所に入る言葉はsubstantialとともにviolationを修飾しているので形容詞を選びます。serious-mindedは形容詞ですが「真剣に思う気質の」という意味で不適です。

- ☐ fine 動 罰金を科す
- ☐ serious 形 重大な
- ☐ violation 名 違反
- ☐ commit 動 犯す
- ☐ substantial 形 重大な
- ☐ federal 形 連邦(政府)の

14. 正解：(C) 〔盲点〕

訳 そのゴールド・クレジットカードは年会費が不要で、金利も低い。

解説 品詞の問題です。interestはここでは金利という意味の名詞ですが、このinterestはratesを修飾する形容詞的な使われ方をしています。

- ☐ credit card クレジットカード
- ☐ fee 名 料金
- ☐ annual 形 年間の
- ☐ interest rates 金利

15. 正解：(D)

訳 その製造業者は、積み荷の中で見つかった欠陥製品はすべて回収するだろう。

解説 形容詞の意味の問題です。**faulty**は「**欠陥のある**」という意味です。anyは比較級を修飾すると、「いくらかでも；少しでも」という意味で、ここでは不適です。

- ☐ take back 回収する
- ☐ shipment 名 積み荷
- ☐ item 名 品物；商品

16. 正解：(C) 〔頻出〕

訳 詐欺行為は最近、多くの大企業の間で重大な問題になっている。

解説 前置詞の問題です。**among**は「〜の間で」という意味の前置詞です。aside (外れて；別にして) とahead (前に；先に) は副詞ですから、そもそも空所に入れるのには無理があります。along (〜に沿って) では意味が通りません。

- ☐ fraud 名 詐欺
- ☐ issue 名 問題
- ☐ serious 形 重大な

Part V

17. 正解：(D) 　　　　　　　　　　　　　　　　　　　　　　　　基礎

訳 電話回線が切れたので、不満を持つ客はアフターサービス課に連絡がとれなかった。

解説 動詞の呼応の問題です。because以下の主語はthe phone linesと複数形なので、動詞はそれに合う形にする必要があります。選択肢の中で複数形を主語にできるのはwereだけです。

- [ ] **complaint** 　名 不満
- [ ] **service department** 　アフターサービス課
- [ ] **disconnect** 　動（電話接続などを）切る

18. 正解：(B) 　　　　　　　　　　　　　　　　　　　　　　　　頻出

訳 その候補者は小企業を保護する法律を改正することを約束した。

解説 空所の後が動詞のprotectになっているので、空所には関係詞を入れます。先行詞がlawsであることを考慮すると、先行詞の機能も併せ持つwhatは入らないことが分かります。

- [ ] **candidate** 　名 候補者
- [ ] **promise** 　動 約束する
- [ ] **reform** 　動 改正する
- [ ] **protect** 　動 保護する

19. 正解：(D)

訳 新しい高層ビルが、かつて美術館があった場所に建設される。

解説 動詞の時制の問題です。**where以下は関係副詞節なので主語と動詞が必要です**。onceは「かつて」という意味なので、時制を過去にします。

- [ ] **high-rise** 　名 高層ビル
- [ ] **site** 　名 場所；用地
- [ ] **museum** 　名 美術館；博物館

20. 正解：(D)

訳 ジャックは3時間に及ぶプレゼンテーションを顧客に対して行った。

解説 形容詞の問題です。**時間の長さを表すには、時間の後にlongを付けます**。longはモノの長さを表すときにも使います。

例）The bridge is 50 meters **long**.（その橋は50メートルの長さだ）

- [ ] **presentation** 　名 プレゼンテーション
- [ ] **client** 　名 顧客

21. 正解：(B) 【頻出】

訳 部長はシルビアに、気分が悪いのならその日の残りは休みを取るようにと言った。

解説 熟語動詞の問題です。take ～ off で「～の休みを取る」という意味です。the rest of the day で「その日の残り」ということです。take off は自動詞・他動詞ともにかなりの数の意味があります。

- [ ] rest　　名 残り
- [ ] take～off　　～の休暇を取る

22. 正解：(C)

訳 すべての履歴書を調べ直してから、人事部長は面接に呼ぶ志願者を数人決めた。

解説 前置詞の問題です。「履歴書を見直す」と「志願者を選ぶ」との時間関係を考えると after が適切です。as a result は、その前の文に対して「その結果」という意味なので、ここでは使えません。during は通常、次に動名詞がくることはありません。

- [ ] review　　動 調べ直す
- [ ] résumé　　名 履歴書
- [ ] personnel　　名 人事
- [ ] candidate　　名 志願者

23. 正解：(B) 【基礎】

訳 営業部は、会社の顧客を広げるための新しい方法を見つけるために、市場調査を行った。

解説 動詞の問題です。主語が the sales department なので、単数の主語に応じた動詞を使います。意味の上からは (A) も可能ですが、has を使わなければなりません。また、現在形にするならば conducts と三単現の s が必要です。

- [ ] sales department　　営業部；販売部
- [ ] survey　　名 調査
- [ ] expand　　動 広げる
- [ ] clientele　　名 顧客

24. 正解：(A)

訳 秘書は、その製造業者が正しい品物を送ったことを確かめるために、積み荷の納品書を調べた。

解説 名詞の意味の問題です。invoice は「納品書」「送り状」のことなので、shipment（積み荷）以外の選択肢では意味が合いません。basement は「地階」、element は「要素」、tenement は「貸し部屋」という意味です。

- [ ] secretary　　名 秘書
- [ ] invoice　　名 納品書
- [ ] make sure　　確認する
- [ ] correct　　形 正しい
- [ ] item　　名 品物

Part V

25. 正解：(D)　　　　　　　　　　　　　　　　　　　　　　　　　　　　　[頻出]

- 訳　パイロットは飛行中にちょっとした乱気流があるだろうと知らせた。
- 解説　動詞の問題です。thereを先頭に出した構文では＜be動詞（あるいはそれに準じるもの）＋S＞の形になります。選択肢では(C)と(D)がそれに当たりますが、主語がturbulenceと単数形なのでareは不適です。

☐ announce　動 発表する；知らせる　　☐ turbulence　名 乱気流；揺れ

26. 正解：(C)

- 訳　その新聞の編集者は最後の最後になって一面の見出しを変更したが、それは状況が突然変わったからだった。
- 解説　熟語の問題です。at the last minuteで「時間ぎりぎりになって」という意味です。ここでは「締め切り直前に」ということです。minuteは短い時間を表す熟語によく使われます。at any minute（今すぐにも）、Just a minute.（ちょっと待って）など。

☐ editor　名 編集者　　　　　　　☐ front page　（新聞の）一面
☐ headline　名 大見出し　　　　　☐ situation　名 状況

27. 正解：(B)　　　　　　　　　　　　　　　　　　　　　　　　　　　　　[基礎]

- 訳　生活保護受給者は、今日は小切手を受け取ることができなかった。
- 解説　熟語の問題です。be unable to Vで「Vできない」という意味で、be able to Vと同じ使い方で逆の意味になります。

☐ welfare　名 生活保護　　　　　☐ recipient　名 受給者
☐ check　名 小切手

28. 正解：(D)

- 訳　労働組合は組合員の賃上げを要求するために、その食料雑貨店の前でストライキを行った。
- 解説　名詞の意味の問題です。賃上げを要求するために行うものを選びます。go on strikeで「ストライキをする」の意です。

☐ labor union　労働組合　　　　　☐ in front of ~　～の前で
☐ grocery store　食料雑貨店　　　☐ demand　動 要求する
☐ wages　名 賃金

29. 正解：(A)

訳 ウェインは来週、空席になっている職に就く志願者の面接を行う。

解説 動詞の問題です。助動詞のwillの後には必ず動詞の原形が続きます。

- [ ] **interview** 動 面接する
- [ ] **fill** 動 補充する；満たす
- [ ] **position** 名 職；ポスト

30. 正解：(B)

訳 欠陥のある製品は消費者がサービスセンターに持っていけば払い戻しか交換に応じると、保証書には書いてある。

解説 形容詞の問題です。refund（払い戻し）かexchange（交換）をしてもらうのはdefective（欠陥のある）な製品です。選択肢の他の単語では文脈に合いません。electiveは「選挙の；選択の」、emotiveは「感情的な」、activeは「活動的な；動作中の」という意味です。

- [ ] **warranty** 名 保証書
- [ ] **state** 動 述べる
- [ ] **refund** 名 払い戻し
- [ ] **exchange** 名 交換

31. 正解：(B)

訳 そのソフトウェアはコンピュータの中のウイルスを見つけ出し、素早く駆除した。

解説 動詞の問題です。**ウイルスを「駆除する」のはdelete**です。キーボードの右上にあるキーのdeleteを押せばどうなるか、分かりますね。sedateは「落ち着かせる」、elateは「元気にさせる」、belatedは形容詞で「遅れた」という意味です。

- [ ] **detect** 動 見つける；検出する
- [ ] **virus** 名 ウイルス
- [ ] **delete** 動 駆除する；削除する

32. 正解：(C)

訳 我が社のポストに応募するときには履歴書に身元保証人を少なくとも2人記入してください。

解説 熟語の問題です。**at leastは「少なくとも」という意味でat the leastとも言います**。at (the) latestは「遅くとも」、at bestは「せいぜい」という意味です。

- [ ] **include** 動 含める
- [ ] **reference** 名 保証人；推薦人
- [ ] **apply for〜** 〜に応募する

Part V

33. 正解：(A)　　　　　　　　　　　　　　　　　　　　　　　　頻出

訳 私どもへの連絡は電話、ファクス、eメールで24時間年中無休で可能です。

解説 前置詞の問題です。contactは「連絡する」の意味で、その手段を表す前置詞はbyで手段は通常無冠詞です。on the phone, on[in] the faxという言い方もあります。

- ☐ contact　　　　　動 連絡をとる　　　　☐ seven days a week　年中無休で

34. 正解：(A)　　　　　　　　　　　　　　　　　　　　　　　　盲点

訳 そのネットワーク・クラブのメンバーには、現在社員かどうかにかかわらず、だれでもなることができる。

解説 接続詞の問題です。文の最後にor notがあるので、whetherかifが候補になりますが、ifは「～かどうか」の意味ではknowやaskなどの目的語として名詞節の働きしかありません。whetherは譲歩を表す副詞節の働きがあります。

- ☐ membership　　名 会員（資格）　　　☐ be open to～　～に開かれている
- ☐ currently　　　　副 現在　　　　　　　☐ employ　　　　動 雇用する

35. 正解：(D)　　　　　　　　　　　　　　　　　　　　　　　　頻出

訳 ジェイクはロビーで我が社への訪問客を迎え、それから20分間施設を見学させることになっている。

解説 動詞の問題に見えますが、実は接続詞の問題です。andがあったら次の言葉は前のどこにつながるかを常に考えます。空所には動詞が入りますが、その動詞はJakeにつながるのではなくwillにつながると考えて原形を選びます。

- ☐ meet　　　　　　動 迎える　　　　　　☐ tour　　　　　　名 見学；視察
- ☐ facilities　　　　名 施設；設備

36. 正解：(C)

訳 コンピュータをウイルスから守るために、システムソフトは定期的にアップデートした方がよい。

解説 副詞の問題です。updateで「アップデートする」という意味です。空所にはどのようにアップデートするかが入ります。regularlyの形容詞のregularはカタカナ英語として日本語になっていますね。

- ☐ regularly　　　　副 定期的に；規則的に　☐ protect　　　　動 守る

37. 正解：(B)

訳 その商業見本市では、クリスが製品のサンプルを配ることになっている。

解説 熟語動詞の問題です。イベントでサンプルをどうするかを考えれば、hand outの「配る」が適切と分かります。他にはgive outという言い方もあります。なお、give inは「降参する」、put overは「向こうへ渡す」、fill outは「記入する」という意味です。

☐ hand out　　配る　　　　　☐ product　　　名 製品

38. 正解：(B)

訳 その会社は年末に資金調達のためのイベントを開くだろう。

解説 名詞の問題です。fundraisingは「資金調達の」という意味ですから、それに合った名詞で、動詞のholdの目的語としてふさわしいものを選びます。**このhold（開催する）はhold a partyなどのholdと同じ意味の用法です。**

☐ fundraising　　形 資金調達の

39. 正解：(A)　　　　　　　　　　　　　　　　　　　　盲点

訳 ロンは部長の名前でそのレストランに予約を入れた。

解説 前置詞の問題です。「**自分の名で**」と言うときにはin one's nameを使いますが、「**本人とは違った名前で**」と言うときにはinもunderも使えます。ここではunderが選択肢にあるのでこれを選びます。

☐ reservation　　名 予約

40. 正解：(D)

訳 そのセミナーはコンピュータ産業の専門家たちによる基調演説が呼び物となるだろう。

解説 名詞の意味の問題です。セミナーで演説をするのはだれかと考えます。keynoteは「基本方針の」という意味でkeyboardとは関係がありません。**空所の前のinは分野を表す前置詞です。**

☐ feature　　　動 呼び物にする　　☐ keynote speech　　基調演説
☐ professional　　名 専門家

Part VI

41. 正解：(D)
　解説 great という形容詞によって修飾される名詞を補充する問題なので、(A)(B) は副詞、(C)は形容詞なので不可。したがって「悲しみ」という意味の名詞の(D)が正解です。

42. 正解：(B)
　解説 over という前置詞は「〜にわたって」という意味で期間を表して使うことができる前置詞。その他の選択肢の前置詞にはこのような意味がないですから、唯一この文脈に適合する(B)が正解。

43. 正解：(A)　　　　　　　　　　　　　　　　　　　　　　　　　頻出
　解説 まず、(B)の現在分詞形は単独では述語動詞にはならないので不可。そして(C)の現在完了進行形は「ずっと〜し続けている」という「継続」の意味でしか使われないのでこれも不可。さらに(D)の現在形は主に日常の習慣的行為を表すので不可。ということで、「完了」の意味を表し、「〜してしまっている」という意味になる、現在完了形の(A)が正解となります。

　訳　設問41〜43は、次のメモに関するものです。

社内連絡
宛先：マーチン・スコフィールド様
差出人：キンバリー・リュー
用件：退職のお知らせ

こんにちは、マーティ
　誠に悲しいことですが、私が1ヵ月後にスコフィールド社を退社するお知らせとして、この連絡をお送りしています。私の最後の勤務日は、8月31日です。この度の決断は、私にとって極めて難しいものでした。しかし、昨年1年間にわたり、私は自分の職歴の将来と、前へ進むための方法を考えてきました。スコフィールド社での10年を終え、私が自分のキャリアを広げる可能性は、別の会社の方がより大きいと感じました。私は自分の昇進に役立つと信じる会社を見つけ、9月の初めからそちらで勤務を開始します。この会社では楽しい時を過ごさせていただきましたが、去る時が来たように思います。私の後任が当社での職務に慣れるお手伝いができれば、喜びにたえません。何もかもありがとうございました。あなたと御社の将来のご発展をお祈りいたします。

- [ ] resignation　　　　名 辞職
- [ ] notice　　　　　　　名 通知
- [ ] firm　　　　　　　　名 会社
- [ ] effective　　　　　　形 有効な
- [ ] extremely　　　　　　副 極めて
- [ ] make a decision　　　　決心する
- [ ] move ahead　　　　　　前進する
- [ ] expand　　　　　　　動 広げる
- [ ] move up　　　　　　　昇進する
- [ ] help ~ V　　　　　　　~がVするのを助ける
- [ ] replacement　　　　　名 交代要員；後任
- [ ] get used to ~　　　　　~に慣れる
- [ ] duty　　　　　　　　名 義務；職務
- [ ] wish ~ all the best　　　~によろしく伝える

模擬テスト5

Part VI

44. 正解：(D) 　　　　　　　　　　　　　　　　　　　　　　　　　頻出

解説 直前のbroadbandと組み合わされ、複合名詞を作ることができるものを選べばよいわけです。そう考えると、(A)(B)(C)は「つなぐ」という意味の動詞なので不可。「接続性」という意味の名詞(D)が正解となります。

45. 正解：(A)

解説 updateは「～を更新する」という意味の動詞。助動詞canの直後には動詞の原形が使われなければならないので(A)が正解となります。

46. 正解：(C) 　　　　　　　　　　　　　　　　　　　　　　　　　盲点

解説 「電車の中やカフェで」という場所的な副詞表現と並べて使われていることから、「どこでも」という意味の副詞である(C)anywhereが正解だとわかります。なお、**just about ......**は「全く、まさに」という意味の強調表現。

　訳　設問44～46は、次の記事に関するものです。

> ロサンゼルス――ハンドテル社は、携帯電話利用者にハンドヘルドの機器の選択の幅を広げるねらいで、ブロードバンド接続機能と広範囲のメディア機能を持つ新型のハンドヘルド・コンピューター兼携帯電話を設計した。マルチメディア・ソフトも、キャリーオールという名のこの新型ハンドヘルド機器に搭載されるため、利用者は電車内、喫茶店などほとんどあらゆる場所で、ウェブページを更新したり、画像を編集するなどの操作ができる。この新しい機器は、月末に発売される予定である。今のところ、価格は決定していない。同社はこの最新技術によってライバル社に一歩先んじることを期待している。この機器は世界各国の特定地域で、または同社のサイトを通じてインターネットで購入できる。

☐ provide A with B		AにBを提供する
☐ mobile (phone)	名	携帯電話
☐ handheld	形	手で持てる大きさの
☐ device	名	装置；機器
☐ combination A and B		AとBを兼ねるもの
☐ broadband	形	ブロードバンドの
☐ connectivity	名	接続できること
☐ range	名	範囲
☐ be included with ～		～に含まれる
☐ update	動	アップデートする、更新する
☐ graphics	名	画像
☐ ～ and so on		～など
☐ just about		ほとんど
☐ be set to V		Vしそうである
☐ hit the market		（商品が）市場に出る
☐ so far		今までのところ
☐ pricing	名	価格（の決定）
☐ latest	形	最新の
☐ put A ahead of B		AをBよりも優位に立たせる
☐ competitor	名	競争者；ライバル
☐ available	形	入手できる
☐ selected	形	選ばれた
☐ location	名	場所

Part VI

47. 正解：(C)

解説 discontinueは「～の生産を中止する」という意味の動詞です。主語の634型は生産を停止「される」側なので、受動態を作るためにbe動詞の直後には過去分詞形を置きます。have been Vppは現在完了形の受動態の形ですね。

48. 正解：(D)　　　　　　　　　　　　　　　　　　　　　　　　　　　　基礎

解説 closeという形容詞の比較級はcloser、最上級はclosestですからこの時点で(A)(B)は不正解。また、この文脈では、2者を比較しているわけではなく、701型を634型の代用とすることを客に勧めているので、「701型が634型に最も近い」という意味にするために、最上級の(D)closestが正解となります。

49. 正解：(A)

解説 that以下の部分は空所に入る名詞を修飾する部分なので、この修飾部分と最も意味的に適合する名詞を選べばよいわけです。「701型のスペックの詳細」を示しているのが、(B)「部品」、(C)「履歴書」、(D)「部門」とはまず考えられないので不可。「パンフレット」の(A)がもっとも文意に適合します。

　訳　　設問47〜49は、次のレターに関するものです。

ロン・ギャラガー様
2890　ドリストル通り
メルボルン
オーストラリア

拝啓 ギャラガー様

　そちらのお店に当社の蛍光灯10点の購入をご希望とのこと、ありがとうございます。申し訳ございませんが、ご注文いただいた型番634型は生産中止になっており、在庫が3つしか残っておりません。634型の代わりとして、新型の701型をご利用いただくようお勧めいたします。701型は634型に最も近く、価格が若干高くなっております。しかし、634型と同価格で701型をご提供したいと存じます。この条件でご了承いただけるかどうかを、どうぞお知らせください。

　634型をカタログから外しておかなかった点は、お詫び申し上げます。
　701型の仕様の詳細の説明と写真を添えたパンフレットを同封しております。御社のお引き立てには心より感謝し、引き続き当ハンソン照明でお買い上げ

いただければ幸いに存じます。

敬具
カート・ハンソン
販売部長
ハンソン照明

- ☐ purchase　　　　　　　　動 購入する
- ☐ fluorescent lamp　　　　　蛍光灯
- ☐ unfortunately　　　　　　副 残念なことに
- ☐ be discontinued　　　　　生産中止になる
- ☐ (be) in stock　　　　　　　持ち合わせて（いる）
- ☐ substitute A for B　　　　　Bの代わりにAを使う
- ☐ (be) close to 〜　　　　　　〜に近い
- ☐ a little bit 〜　　　　　　　少し〜
- ☐ be willing to V　　　　　　喜んでVする
- ☐ the same 〜 as .....　　　　.....と同じ〜
- ☐ terms　　　　　　　　　　名 条件
- ☐ be acceptable to 〜　　　　〜に受け入れられる；〜の気に入る
- ☐ apologize for 〜　　　　　　〜のことで謝罪する
- ☐ remove A from B　　　　　AをBから取り除く
- ☐ enclose　　　　　　　　　動 同封する
- ☐ detail　　　　　　　　　　動 詳しく説明する
- ☐ spec　　　　　　　　　　　名 細目；仕様書
- ☐ as well　　　　　　　　　　加えて
- ☐ appreciate　　　　　　　　動 ありがたく思う
- ☐ patronage　　　　　　　　名 引き立て；愛顧
- ☐ Yours sincerely　　　　　　敬具〈手紙の結びの言葉〉
- ☐ sales director　　　　　　　販売部長

Part VI

50. 正解：(D)

解説　空所の直後には、orderという他動詞の後ろに目的語のない不完全な文が置かれています。このような場合に使うのは「SがVすること、もの」という意味の関係代名詞のwhat。なお、(A)(B)(C)の後にはいずれも完全な文が続くため不可。

51. 正解：(C) 　　　　　　　　　　　　　　　　　　　　　　　　　　基礎

解説　注文の内容が正確であるかどうかを確認している部分なので、空所には「正確な」という意味の形容詞が入ると推測されます。(A)collectは「集める」という意味の動詞、(B)collectionは「収集」という意味の名詞、(D)correctionは「訂正」という意味の名詞なので、いずれも文意に合わず不可。「正確な」という意味の形容詞(C)が正解です。

52. 正解：(D) 　　　　　　　　　　　　　　　　　　　　　　　　　　盲点

解説　まず、(A)(B)の選択肢は文脈上意味をなさないので不可。そして、(C)in halfは「半分に」という意味でこれも文意に合わないので不可。したがって、「全額」という意味の語(D)in fullが正解となります。

　訳　　設問50〜52は、次のメールに関するものです。

宛先：ラモン・バスケス様
差出人：ロリ・ベルマン
用件：商品展示会のご登録

拝啓 バスケス様

　当社ウェブサイトを通じて商品展示会のブースにご登録いただき、ありがとうございます。このメールは、御社のご注文を確認するためにお送りしております。
　ブースへのご注文内容をご確認したいと思います：陳列ケース1点、机1脚とイス2脚、長テーブル1脚です。これで正しいかどうかお知らせください。ブースのレンタル料は1日100ドルで、ご注文いただいた追加の品を合わせて、総額は1日当たり180ドルとなります。お支払いは、クレジットカードまたは個人用小切手を受け付けております。商品展示会の少なくとも10日前までに、お忘れなく全額をお支払いください。展示会の前1週間以内にご解約の場合、払戻しは行っておりません。
　また、ブースの設営は東ウイングと西ウイングのどちらをご希望かもお知らせください。この情報は、来週の金曜日までに必要となります。

ありがとうございました。

敬具
ロリ・ベルマ

- [ ] trade show 　　　　　　　商品展示会
- [ ] registration 　　　　　　　名 登録
- [ ] register 　　　　　　　　　動 登録する
- [ ] booth 　　　　　　　　　　名（展示会場の）ブース
- [ ] confirm 　　　　　　　　　動 確認する
- [ ] display case 　　　　　　　陳列ケース
- [ ] correct 　　　　　　　　　形 正しい
- [ ] rental 　　　　　　　　　　名 賃貸料
- [ ] additional 　　　　　　　　形 追加の
- [ ] item 　　　　　　　　　　名 品目
- [ ] personal check 　　　　　　個人用小切手
- [ ] in full 　　　　　　　　　　全額の［で］
- [ ] at least 　　　　　　　　　少なくとも
- [ ] refund 　　　　　　　　　動 払い戻す
- [ ] up to ～ 　　　　　　　　　～（に至る）まで
- [ ] prior to ～ 　　　　　　　　～より前に
- [ ] wing 　　　　　　　　　　名（建築物の）翼（よく）〈左右に張り出した部分〉
- [ ] Best regards 　　　　　　　敬具〈手紙の結びの言葉〉

模擬テスト 6

Part V

1. **正解：(D)**
   - **訳** 裁判官は原告には正当な請求権はないという裁決をした。
   - **解説** 単語の問題です。空所にはclaimという名詞を修飾する言葉が入ります。名詞を修飾するのは形容詞です。validnessとvalidityは名詞、validateは動詞です。

   - ☐ judge 　名 裁判官
   - ☐ plaintiff 　名 原告
   - ☐ claim 　名 請求（権）
   - ☐ rule 　動 裁決する
   - ☐ valid 　形 妥当な

2. **正解：(B)** 　　　　　　　　　　　　　　　　　　　　　　　[頻出]
   - **訳** その輸入品にかけられる関税は下げられている。
   - **解説** 単語の問題です。dutiesはここでは「関税」の意味です。dutiesを目的語にできるのはimposeだけです。＜impose A on B＞で「AをBに課する」という意味で、ここでは過去分詞として使われています。

   - ☐ duties 　名 関税
   - ☐ reduce 　動 減じる
   - ☐ impose 　動 課する

3. **正解：(C)**
   - **訳** シューラーさんはその土地の権利書に署名して自分の息子に譲渡した。
   - **解説** 熟語の問題です。sign overで「署名して～を譲渡する」という意味になります。signは後ろにさまざまな副詞が来るので注意が必要です。

   - ☐ sign 　動 署名する
   - ☐ deed 　名 権利書

4. **正解：(C)** 　　　　　　　　　　　　　　　　　　　　　　　[基礎]
   - **訳** そのメーカーはあらゆるサイズと体型の人のための服を製造する。
   - **解説** 名詞の問題です。shapeは「形」という意味で数えられる名詞です。ここではeveryがあるので単数形を用います。またsizeとshapeはよく対にして使われることも覚えておきましょう。

   - ☐ size 　名 大きさ
   - ☐ shape 　名 形

5. **正解：(A)**
   - **訳** その不動産仲介業者は小さな公園開発事業向きの土地に投資をした。
   - **解説** 前置詞の問題です。practicalは「実用的な」という意味ですが、for 〜を後に置いて「〜向きの」という意味になります。

□ real estate	不動産	□ broker	名 仲介業者
□ invest	動 投資する	□ practical	形 実用的な
□ development	名 開発		

6. **正解：(D)**
   - **訳** レイニエさんはインフルエンザで胃の調子がおかしいので、1日休みを取った。
   - **解説** 動詞の問題です。stomach fluは「腹痛を起こすインフルエンザ」の意味です。「**インフルエンザにかかっている**」は**have (the) fluと言います**。また「インフルエンザにかかる」はget the fluまたはcatch (the) fluと言います。この文は過去形なのでhadが使われます。

□ take〜off	〜の休暇を取る	□ flu	名 インフルエンザ

7. **正解：(D)**
   - **訳** 政府は新しい紙幣の流通量を増やすことを決断した。
   - **解説** 単語の問題です。banknotesは「紙幣」なので、紙幣の何を増やすのか、と考えるとcirculation（流通）という答えが出ます。選択肢はすべてcir-が付きますが、circle（円）と同じ語源なのである程度の共通点を持っています。circumfusionは「拡散」、circusは「サーカス；曲芸」、circumstanceは「環境」という意味です。

□ increase	増やす	□ circulation	名 流通
□ banknote	紙幣		

8. **正解：(C)** 　　　　　　　　　　　　　　　　　　　　　盲点
   - **訳** エドワードはときどき疲れ切るまで仕事をする。
   - **解説** 熟語の問題です。**to the point of 〜で「〜の程度まで」という意味です**。to the point where 〜と関係副詞を使って節をつなげることもできます。

□ at times	ときどき	□ point	程度
□ exhaustion	名 疲労困ぱい		

Part V

9. 正解：(D)

訳 その食品製造業者は、自社の全製品を天然食品に分類した。

解説 動詞の使い方の問題です。asはここでは「〜として」という前置詞です。**labelは動詞では「分類する」「ラベルを貼る」という意味になります。**文法的にはgaveやboughtも入りますが意味が通じません。

- □ label　　動 分類する；ラベルを貼る　　□ all-natural　　形 天然食品の

10. 正解：(B)

訳 秘書は部長と顧客との会話をふと耳にした。

解説 前置詞の問題です。managerのconversation（会話）ですが、空所の後がclientですからclientを会話の相手と考えてwithを使います。

- □ overhear　　動 立ち聞きする；ふと耳にする
- □ conversation　名 会話　　□ client　　名 顧客

11. 正解：(D)

訳 デアドンさんは信じられないという表情でその偽造文書を見つめた。

解説 形容詞の問題です。空所の前に冠詞のtheがあり後ろにdocumentがあるので、空所にはdocumentを修飾するものが入ります。false以外はすべて動詞なので、名詞を修飾することはできません。

- □ stare at〜　　〜を見つめる　　□ false　　形 偽りの
- □ in disbelief　　疑惑の目で

12. 正解：(A)　　　　　　　　　　　　　　　　　　　　　　　　基礎

訳 ジョーンズさんは、自宅で自分のビジネスをするために仕事を辞めたことをかなり後悔した。

解説 動詞の変化形の問題です。**動詞が変化したものの中で、前置詞の後に続けられるのは動名詞だけです。**aboutは前置詞なので動名詞のquittingを選びます。

- □ regret　　名 後悔　　□ quit　　動 辞める

13. 正解:(B)

訳 エドモンズさんは、住宅ローンの契約書にサインする前に全部読んでいることを確認した。

解説 時制の問題です。make sureは「確かめる」という意味です。文の内容から空所には過去か過去完了のいずれかを入れる必要があります。readの過去形はreadです。

- □ make sure　確認する
- □ agreement　名 契約書
- □ mortgage　名 住宅ローン
- □ thoroughly　副 徹底的に；完全に

14. 正解:(C)

訳 この中古の電気製品には保証書がないので、自己責任でそれを購入してください。

解説 熟語の問題です。at one's (own) riskで「自分の責任で」という意味です。危険な場所での行動を禁止する掲示によく使われます。「事故が起きても責任は負いかねます」という感じでしょうか。

- □ warranty　名 保証（書）
- □ appliance　名 電気製品；器具
- □ used　形 中古の
- □ at one's (own) risk　自分の責任で

15. 正解:(D) 　　　　　　　　　　　　　　　　　　　基礎

訳 トムはあさって、仕事でニューヨークに飛ぶはずだ。

解説 熟語の問題です。未来時制なので「明日の次の日」という意味にします。ちなみに「一昨日」は the day before yesterdayです。

- □ on business　仕事で
- □ the day after tomorrow　あさって

16. 正解:(A) 　　　　　　　　　　　　　　　　　　　頻出

訳 ロビンは厳しい幼年時代をおくったが、それを乗り越えて実業家として成功した。

解説 接続詞の問題です。空所の後に主語と動詞があり、なおかつコンマの後にも主語と動詞があるので、空所には接続詞を入れます。evenは副詞、as a resultは副詞句、despiteは前置詞でいずれも不適切です。

- □ childhood　名 幼年時代
- □ overcome　動 克服する
- □ businessperson　名 実業家

Part V

17. 正解：(D) 　　　　　　　　　　　　　　　　　　　　　　　盲点

訳 テリーは夏の間、海外でボランティア活動をするつもりだ。

解説 名詞の問題です。空所はdoの目的語なので名詞を入れます。**work**は「作品」の意味では可算名詞ですが、「仕事」の意味では不可算名詞です。したがってworksは不適です。

- □ volunteer 　　形 ボランティアの　　□ abroad 　　副 海外で

18. 正解：(A) 　　　　　　　　　　　　　　　　　　　　　　　頻出

訳 10日以内に連絡がないと、そちらの口座を債権回収機関に譲渡していただく以外に方法がありません。

解説 前置詞の問題です。＜within 期間＞で「〜以内に」という意味です。他の選択肢は、withoutが「〜なしで」、throughは「〜を通して」、throughoutは「〜の間ずっと」でいずれも意味が通じません。

- □ hear from〜 　　〜から連絡がある
- □ have no other choice but to V 　Vする以外に方法がない
- □ turn over 　　譲渡する 　　□ account 　　名 口座
- □ collection 　　名 (債権) 回収；取り立て

19. 正解：(C)

訳 統括部長は、その管理者が退社するのを残念そうに受け入れた。

解説 単語の意味の問題です。**resignation**は**resign**「辞める」の**名詞形**です。他の名詞は、intentionが「意図」、regulationが「規制」、condemnationが「非難」で、いずれも意味が通じません。

- □ regretfully 　　副 残念そうに 　　□ supervisor 　　名 管理者
- □ resignation 　　名 退社；辞任

20. 正解：(D)

訳 その手紙は、契約書が表現の変更により修正されたことを認めるものだった。

解説 動詞の問題です。空所の後にthat節があるので、空所には動詞が入ります。主語が単数なので、現在形ならば三単現のsが必要で、(C)は不可です。

- □ acknowledge 　　動 認める 　　□ modify 　　動 修正する
- □ terms 　　名 表現；条件

21. 正解：(C) 〔頻出〕

訳 積み荷はドックで降ろされ、税関吏によって検査を受けた。

解説 動詞の変化形の問題です。文の主語はshipment（積み荷）なので、それがどのようになったかが空所に入ります。inspectは「検査する」という意味なので、wasに続くと考えて受動態にします。

- □ shipment 名 積み荷
- □ unload 動 降ろす
- □ dock 名 ドック
- □ inspect 動 検査する
- □ customs officer 税関吏

22. 正解：(D)

訳 その企業は自社の商標を事業所に表示する免許の申請をした。

解説 単語の問題です。「事業所」はthe place of businessと言います。このbusinessは「事業」という意味です。

- □ apply for ～ ～の申請をする
- □ license 名 免許；許可
- □ trademark 名 商標

23. 正解：(B)

訳 販売受託者は、盗難や損害に備えて自分で保険料を負担しなければならない。

解説 前置詞の問題です。insuranceは「保険」ですが、何に対する保険かを表す前置詞としてはagainstかforを使います。

- □ consignee 名 販売受託者
- □ maintain 動 維持する
- □ insurance 名 保険
- □ theft 名 盗難
- □ damage 名 損害

24. 正解：(A) 〔基礎〕

訳 そのレストランのオーナーは店をたたんで早々に引退することにした。

解説 動詞の変化形の問題です。decideは「決心する」という意味ですが「～することを決心する」となるときにはto不定詞が後に続きます。

- □ owner 名 所有者
- □ fold 動 たたむ
- □ retire 動 引退する

Part V

25. 正解：(D)　　　　　　　　　　　　　　　　　　　　　　　　　　　　　頻出

訳　その顧客は製造業者に対して、配送される商品の支払いに対する十分な保証をすることができなかった。

解説　形容詞の問題です。be動詞の後に置き、to不定詞を続けることができるのはunableだけです。be unable to Vで「Vできない」という意味になります。

- provide～with ...　～に…を与える
- assurance　名 保証
- deliver　動 配送する
- adequate　形 十分な
- payment　名 支払い

26. 正解：(D)

訳　その従業員は出張でかかった経費を会社に請求した。

解説　単語の意味の問題です。billが「請求する」という意味なので、それに合った目的語を選びます。expenseは「経費」という意味です。他の選択肢は、exclamationが「感嘆」、exampleが「例」、expectationが「期待」です。

- bill　動 請求する
- business trip　出張
- incur　動 被る

27. 正解：(A)　　　　　　　　　　　　　　　　　　　　　　　　　　　　　盲点

訳　イベント企画会社は、そのイベントの仕事量をこなすのに、200人の臨時従業員を雇った。

解説　熟語の問題です。文の内容から考えて過去形の動詞を入れます。bring aboutは「～をもたらす」という意味で、(D)は文意に合いません。**bring inにはさまざまな意味がありますが、ここでは「雇い入れる」という意味です**。なお、＜help＋動詞の原形＞で「～するのに役立つ」という意味です。

- extra　形 臨時の；余分の
- workload　名 仕事量
- handle　動 処理する

28. 正解：(C)

訳　その携帯電話会社は先週、新製品の試験中に重大な技術的問題に直面した。

解説　動詞の問題です。空所には動詞が入りますが、目的語がproblemsなので、それにふさわしいものを選びます。encounterは「遭遇する」という意味です。なお、entertainは「楽しませる」、enrageは「怒らせる」、encourageは「元気づける」です。

- cellular phone　携帯電話
- technical　形 技術的な
- major　形 重大な；大きな

29. 正解：(B)

訳 その製品は、発売されたとたんに売り切れた。

解説 熟語の問題です。**sell out**で「**売り切れる**」という**意味**です。同じ意味をbe sold outと受動態で使う場合もあります。hit (the) shelvesは「発売される」という意味の熟語です。またthe minuteはここでは接続詞で「〜するとすぐに」という意味です。

- □ **the minute S V** 　　SがVするとすぐに　　□ **hit (the) shelves** 　発売される

30. 正解：(C) 　　　　　　　　　　　　　　　　　　　　　　　基礎

訳 ある個人投資家集団が、その巨大複合企業を21億ドルで買収しようとしている。

解説 単語の問題です。空所の後の内容から主語は「人」あるいはそれに類するものと判断します。**空所の前にa group of（〜の集団）とあるので、複数形になっているものを選びます。**

- □ **private investor** 　　個人投資家
- □ **acquire** 　　　　　動 買収する；獲得する
- □ **conglomerate** 　　名 巨大複合企業

31. 正解：(B) 　　　　　　　　　　　　　　　　　　　　　　　基礎

訳 卒業後、リディアは一流の法律事務所に勤めることを承諾した。

解説 前置詞の問題です。空所の後がgraduatingだけなので、空所には前置詞が入ります。選択肢の中で前置詞はafterとduringですが、duringでは意味が通じません。

- □ **graduate** 　　動 卒業する　　□ **accept** 　　動 受け入れる
- □ **prestigious** 　形 一流の；権威ある　□ **law firm** 　　　法律事務所

32. 正解：(A)

訳 その入居者のいない建物は、来年から流通センター倉庫として使われるだろう。

解説 時制の問題です。文の最後にfrom next year（来年以降）とあるので、未来のことと考えます。また動詞がusedで受動態であることにも注意しましょう。

- □ **deserted** 　　形 人のいない　　□ **warehouse** 　　名 倉庫
- □ **distribution** 　名 流通

Part V

33. 正解：(B)

訳 一日中、濃い霧が予想されるので、運転手は注意して徐行運転するように警告されている。

解説 副詞の問題です。driveは動詞なので、どのように運転するかを表す副詞を選びます。carefulは形容詞なので動詞を修飾することはできません。

- □ heavy　　　形 濃い　　　　　□ fog　　　　名 霧
- □ throughout　前 ～中　　　　□ warn　　　動 警告する
- □ cautious　　形 注意する

34. 正解：(A)

訳 ジョンは今朝大幅に遅刻して、上司から二度と遅刻しないようにと警告を受けた。

解説 副詞の問題です。上司がジョンに与えたのはwarning（警告）ですから、「再度しないように」という意味にします。onceは「一度；かつて」で、ここでは意味をなしません。

- □ warning　　名 警告

35. 正解：(B) 〔頻出〕

訳 ケント氏は顧客を訪問した後、装置を検査するために工場に立ち寄った。

解説 熟語動詞の問題です。**stop by**は「立ち寄る」という意味です。**stop by at**と**at**を付けることもあります。stopの代わりにdropを使っても同じ意味です。

- □ stop by　　　立ち寄る　　　□ plant　　　名 工場
- □ inspect　　　動 検査する　　□ equipment　名 装置

36. 正解：(C) 〔頻出〕

訳 その便はデンバー空港を閉鎖させた嵐のため、ダラスに向かった。

解説 前置詞の問題です。文意から空所には理由を表す前置詞が入ります。**due to**は「理由」を表す前置詞句です。sinceもbecauseも理由を表すことができますが、いずれも接続詞なのでここでは使えません。forが理由を表すのは特定の動詞や形容詞と結びつく場合です。

- □ redirect　　動 行き先を変える　□ storm　　名 嵐
- □ shut down　　閉鎖させる

37. 正解：(D)

訳 従業員はその計画を年初までに完成させるために、休暇期間中ずっと働いた。

解説 前置詞の問題です。**through**は「〜の間ずっと」という意味があります。同じような意味でduringやoverも使えます。

☐ complete 　動 完成させる　　☐ project 　名 計画

38. 正解：(C)

訳 ネルソン氏はとてもたくさん残業をして、その月の給料をおよそ2倍にした。

解説 副詞の問題です。work overtimeで「超過勤務をする」という意味で、**overtimeは副詞なので、manyやa lot ofでは修飾できません。**またveryはsoとつながりません。ここで (so) muchが修飾しているのはworkです。

☐ work overtime 　超過勤務をする　　☐ double 　動 2倍にする

39. 正解：(D)　　　　　　　　　　　　　　　　　　　　　　　基礎

訳 その客は銀行の自動引き落としで、支払いをできるだけ早く準備することに同意した。

解説 熟語の問題です。**as 〜 as possible**で「できるだけ〜に」という意味になります。far、low、highでは意味が通じません。as soon as possibleで「できるだけ早く」という意味です。略してasapと言う場合もあります。

☐ agree 　動 同意する　　☐ pay the bill 　支払いをする
☐ withdrawal 　名 引き出し；引き落とし

40. 正解：(B)　　　　　　　　　　　　　　　　　　　　　　　頻出

訳 メアリーは今の職にとどまるべきか、それとも別の会社からの新しい申し出を受けるべきか決めかねた。

解説 疑問詞の問題です。**後ろの方にorがあるのでwhether A or B（AかBのいずれか）**となるようにします。疑問詞の後にto不定詞が来て、「〜すべき」の意味になります。

☐ current 　形 現在の　　☐ offer 　名 申し出

Part VI

41. 正解：(C)
解説 前後の文脈から企業買収の話だと推測できますから、「買収する」という意味をもったacquireを選択します。

42. 正解：(B)
解説 「ある一定の期間にわたって」という意味を表現するためには、前置詞のoverを用います。

43. 正解：(D) 頻出
解説 不定詞のtoと原形動詞の間に入り込み動詞を修飾しているので、ここには副詞が入ることがわかります。eventually（最終的に）のように、形容詞に-lyという接尾辞がついたものは副詞です。

訳 設問41～43は、次の記事に関するものです。

> ロサンゼルス——マルチメディア会社ローズデイル社は今日、ライバルであるインターテリカント社を6千万ドルで買収したと発表した。ローズデイル社のスポークスマンは今日、報道陣に同社の買収はインターテリカント社にとどまらないと述べた。次の会計年度にかけて、もう2つのメディア企業を買収する計画が進行中だ。スポークスマンはさらに、目標はローズデイルを最終的に世界最大のマルチメディア企業にすることだと述べた。レポーターから、会社が迅速に行動しすぎだと思うかどうか尋ねられると、スポークスマンは「マルチメディアビジネスでは、迅速でなくてはならない」と述べた。
> 　社長のゲイル・ローズデイルにはコメントがとれなかった。

☐ multimedia	名	マルチメディア
☐ announce that S V		SがVすると発表する
☐ acquaint	動	知らせる
☐ acquit	動	無罪を宣告する
☐ acquire	動	手に入れる；買収する
☐ acquiesce	動	黙認する
☐ rival	名	ライバル
☐ million	名	百万
☐ spokesperson	名	代表者；スポークスマン
☐ press	名	報道陣
☐ takeover	名	買収；乗っ取り
☐ plan to V		Vする計画がある
☐ take over		～を買収する；乗っ取る
☐ over	前	～にわたって
☐ fiscal year		会計年度
☐ goal	名	目標
☐ add	動	加える；付け加えて言う
☐ event	名	出来事
☐ eventful	形	出来事の多い
☐ eventual	形	結果として起こる
☐ eventually	副	結局は
☐ firm	名	会社
☐ reporter	名	レポーター
☐ have to V		Vしなければならない
☐ president	名	社長
☐ reach A for B		Bを求めてAと連絡を取る
☐ comment	名	コメント

模擬テスト6

Part VI

44. 正解：(C)　　　　　　　　　　　　　　　　　　　　　　　　基礎

解説 目的を表す不定詞の用法を問う問題です。(B)完了不定詞や(D)不定詞の進行形を使う文脈上の理由はないので不可。また、explainは二重の目的語をとることはできないので、(A)は不可。

45. 正解：(D)

解説 文脈から、改装期間の前後の面会を希望しているのだと推測できますから、(B)「～の間に」や(C)「すぐに」では文意に合いません。さらに、beforeとの択一なので(A)はあり得ません。したがって、beforeの反対語の(D)afterが正解。

46. 正解：(B)　　　　　　　　　　　　　　　　　　　　　　　　頻出

解説 「商取引をする」と言いたい場合には、**do business**という表現を使います。その他の選択肢の動詞はいずれも目的語のbusinessと組み合わせたときに、このような意味にはならないので不正解となります。

訳　設問44～46は、次のメールに関するものです。

宛先：アリス・ポーター様
差出人：ジーナ・トラド
用件：御社の社外業務委託サービス

こんにちは、アリスさん
　先日は、社外委託サービスの説明のため当事務所へおいでいただき、ありがとうございます。あなたのご提案の内容には、とても興味を持っています。中心街の会社で働く友人と話をしたところ、彼の会社でもそちらのご提示を拝見したいと言っていました。あなたへのご連絡方法の詳細を私から伝えておきましたので、近々彼から連絡が行くと思います。
　こちらとしては、経費や利用方法を話し合うために、もう一度お会いしたいと思います。打ち合わせの都合がつく日をお知らせください。当事務所は改装のため15日から20日まで休業しますので、その前または直後にお会いしたいと思います。日取りを決めるため、明日または水曜日に私にお電話ください。
　改めてお礼するとともに、御社とお付き合いできるのを楽しみにしています。

敬具
ジーナ

☐ outsourcing	名	社外委託；アウトソーシング
☐ what S have to V		SがVする（ために持っている）もの
		→ whatはhaveの目的語として働く関係代名詞
☐ offer	動	申し出る、提供する
☐ downtown	副	繁華街で［に］
☐ contact	名	連絡；接触
☐ get in touch with ~		~と接触する
☐ shortly	副	まもなく；すぐに
☐ as for ~		~に関して言えば
☐ availability	名	利用価値
☐ refurbish	動	改装する
☐ immediately	副	すぐに；直接に
☐ set up		設定する
☐ look forward to Ving		Vするのを楽しみに待つ
☐ do business with ~		~と取引する
☐ Regards	名	敬具〈手紙の結びの言葉〉

模擬テスト6

Part VI

47. 正解：(B)　　　　　　　　　　　　　　　　　　　　　　　　　頻出

解説 ここでは、直前のthree Grand Prizesという名詞を修飾する形容詞の働きをするものを選びます。(A)の原形動詞や(D)の過去形は形容詞の働きをすることはできませんし、(C)の現在分詞は修飾される名詞と現在分詞の間に「〜が…する」という主語と述語の関係が成立しなければなりませんので、不正解とわかります。よって、不定詞の形容詞的用法の(B)が正解です。このように**不定詞の形容詞的用法では、他動詞や前置詞で終わる不完全な形が続くことがあります。**

48. 正解：(D)

解説 前後の文脈から、これらの家は宝くじの賞品であるとわかり、売買されるものではないと考えられます。また、空所の直前では、家の価値を示すための描写が並べられているので、「評価する」という意味の動詞、valueを選べばよいということになります。

49. 正解：(A)　　　　　　　　　　　　　　　　　　　　　　　　　盲点

解説 直後の述語動詞に三単現のsが付いていないことから、単数名詞を削除することができるため、複数形の(A)が正解と特定できます。**proceedsは「収益金」という意味の名詞で、常に複数形で使われます。**

訳　設問47〜49は、次の広告に関するものです。

今こそ、夢の住宅を勝ち取る大きなチャンスです。全国宝くじが明日から発売され、当選者は三つの特賞のうちどれかを選ぶことができます。特賞の1番目は、スタンズウェイ・ビーチが目の前にある、浜辺の別荘です。この豪華な別荘には、8つの寝室と大きな主寝室があります。特賞の2番目は、山中の保養地です。この家は何エーカーもある広大な敷地を持つため、ほとんど自家農場付きと言えます。そして特賞の3番目は、市の中心地にある珍しいビクトリア朝時代の邸宅です。これらの高級住宅の評価額は、すべて200万ドルです。当宝くじへのご参加は、www.grandlottery.comにアクセスしてチケットをご購入いただけば完了です。チケットは1枚わずか50ドルで、売上金は地元の慈善団体に寄付されます。夢をつかむこのチャンスをお見逃しなく。

☐ advertisement	名	広告
☐ lottery	名	宝くじ
☐ winner	名	勝者；当選者
☐ Grand Prize		大賞；特賞
☐ villa	名	別荘
☐ be located on 〜		〜に位置する
☐ right	副	ちょうど
☐ gorgeous	形	豪華な
☐ huge	形	大きな
☐ master suite		主寝室；家じゅうで一番大きな寝室
☐ getaway	名	保養地
☐ acre	名	エーカー（1 acre＝約4,000m²）
☐ practically	副	実質上；ほとんど
☐ own	動	所有する
☐ one's own 〜		自分自身の〜
☐ rare	形	珍しい
☐ Victorian	形	ビクトリア女王時代（1837〜1901）の
☐ in the heart of 〜		〜の中心に
☐ luxury	形	豪華な；立派な
☐ value	動	評価する
☐ purchase	動	購入する
☐ proceeds	名	売上金
☐ charity	名	慈善（団体）
☐ miss a chance		チャンスを逃す

Part VI

50. 正解：(C)

解説 この社内連絡は、オフィスが人手不足にならないように、休暇の日程を調整しようとしている旨を伝えています。この文脈から、従業員が同時に休暇をとる状況を「どうしたい」のか、と考えるとよいでしょう。(A)は「選定する」、(B)は「悩ませる」、(D)は「公言する」という意味で、いずれも意味が前後の流れに合いません。したがって、「避ける」という意味の(C)が正解。

51. 正解：(D)

解説 take off は「休暇をとる」「出発する」という意味の熟語で、この空所に意味的にピッタリあてはまります。(A)は「電話を切る」、(B)は「ひっくり返す」「退職する」、(C)は「身につける」という意味なのでいずれも文意に合いません。

52. 正解：(C) 基礎

解説 need の直後に不定詞を置き、need to V とすると「V する必要がある」という意味になります。また、need の直後に動名詞を置き、need Ving とすると「V される必要がある」という受動的な意味になります。ここでは、受動的な意味はないので、不定詞を用いた(C)が正解。なお、(B)と(D)は他動詞の目的語とはなりませんから不正解です。

訳 設問50〜52は、次のメモに関するものです。

宛先：全社員
差出人：ベス・ウォード
件名：休暇の日程

夏季が近づき、各社員には休暇の日程を決めていただく時期となりました。社員全員が同時に休暇を取る状況は避けたいと思っております。したがって、休暇をご計画中の方には、できるだけ早く、希望する休暇の日程を私までご提出ください。2名以上の社員が同日に休暇を希望した場合は、最初に受け付けた希望を考慮の対象といたします。したがって、速やかに日程を私までご提出いただくことが重要です。当社は夏季には業績が例年非常に好調なため、この件に関するご理解をいただけると幸いです。この時期は業務の人員を確保しておく必要があります。この方針に関してご質問がある場合は、私までご連絡ください。よろしくお願いいたします。

☐ memo	名	回報；社内連絡
☐ employee	名	従業員；社員
☐ subject	名	主題；用件
☐ schedule	名	予定；計画
☐ decide	動	決める
☐ avoid	動	避ける
☐ situation	名	状況
☐ take time off		休暇を取る
☐ at the same time		同時に
☐ therefore	副	したがって
☐ would like 〜 to V		〜にVしてほしいと思う
☐ those who V		Vする人々
☐ take a vacation		休暇を取る
☐ submit	動	提出する
☐ date	名	日付
☐ as soon as possible		できるだけ早く
☐ give consideration to 〜		〜を考慮する
☐ request	名	要求；要望
☐ receive	動	受け取る
☐ promptly	副	迅速に
☐ appreciate	動	感謝する
☐ retain	動	維持する
☐ work force		人員；全従業員
☐ contact	動	連絡を取る
☐ policy	名	政策方針

模擬テスト 7

Part V

1. **正解：(B)**
   訳 顧客サービス担当は、欠陥商品についての苦情を数多く処理しなければならなかった。
   解説 動詞の意味の問題です。complaintは「苦情」なので、それを「処理する」という意味の動詞handleを選びます。harassは「嫌がらせをする」、hassleは「口論する；悩ます」、hang onは「〜にしがみつく」という意味です。

   - [ ] customer service representative　顧客サービス担当
   - [ ] handle　動 処理する
   - [ ] defective　形 欠陥のある

2. **正解：(D)**
   訳 キャンドールさんは信用履歴がよくなかったため、ローンを拒否された。
   解説 熟語動詞の問題です。turn downは「拒否する」という意味で、ここでは受動態で使われています。「loanを申し込んで拒否された」という意味です。

   - [ ] turn down　拒否する
   - [ ] credit　名 信用

3. **正解：(A)**　　　　　　　　　　　　　　　　　　　　　　　頻出
   訳 新卒者の多くが、給料のよい職に就くのが以前よりも難しくなっていると思い始めている。
   解説 文法の問題です。find O Cと続けて「OがCであると気づく」という意味ですが、Oの部分にto不定詞を置きたい場合にはまずitを置いてto不定詞は後ろに回します。

   - [ ] graduate　名 卒業生
   - [ ] good-paying　形 給料のよい

4. **正解：(B)**
   訳 そのコンサルタントは、支払いに問題を抱えている人が、毎月の借金の支払いを少なくするのを手伝うことができる。
   解説 形容詞の問題です。空所にはcredit paymentsを修飾する語が入るので、形容詞を選ばなければなりません。選択肢のいずれの単語にもlyが付いていますが、monthlyだけが形容詞で他はすべて副詞です。

   - [ ] consultant　名 コンサルタント
   - [ ] pay bills　（請求書の）支払いをする
   - [ ] have trouble Ving　Vするのに苦労する
   - [ ] lower　動 低くする

108

5. 正解：(C) 　　　　　　　　　　　　　　　　　　　　　　基礎

　訳 マーナーさんは自分で作った焼き菓子類を売って、その慈善行事に貢献するつもりだ。

　解説 動詞の変化形の問題です。空所の前に助動詞のwillがあります。willの後の動詞は常に原形です。

　☐ contribute　動 貢献する　　　☐ charitable　形 慈善の
　☐ baked goods　焼き菓子（クッキーやケーキのこと）

6. 正解：(B) 　　　　　　　　　　　　　　　　　　　　　　頻出

　訳 その予算案は過半数が反対したので認められなかった。

　解説 前置詞の問題です。vote against ～で「～に反対（投票を）する」という意味です。againstだけでも「～に反対」の意味を表します。「賛成」はforで表します。

　☐ budget　名 予算　　　　　　☐ approve　動 承認する
　☐ majority　名 過半数　　　　☐ vote　動 投票する

7. 正解：(D)

　訳 会議は議長が到着次第、始まるだろう。

　解説 動詞の問題です。as soon asは接続詞として使うので、空所には動詞が入ります。時を表す副詞節になっているので、現在形で未来のことを表します。

　☐ commence　動 始まる　　　　☐ chairman　名 議長

8. 正解：(B)

　訳 そのウェブサイトは、ハッカーに攻撃された後、1日落ちていた。

　解説 コンピュータ用語の問題です。コンピュータに関してはカタカナがそのまま使われている例が多いので、字面から意味の分かることが多くあります。サーバーやコンピュータが機能しなくなるのはdownと言いますが、これは日本語でも「ダウン」と言っていますね。

　☐ website　名 ウェブサイト　　☐ hacker　名 ハッカー

模擬テスト7

109

Part V

9. **正解：(C)** 盲点

   訳 その電話会社は期間限定で、長距離電話のすべての料金を半額にしている。

   解説 単語の問題です。**forは期間を表す前置詞です**。limitedは「限られた」という意味なので、それも考慮して選択肢からtimeを選びます。

   - [ ] limited　　形 限定された　　　　[ ] offer　　動 提供する
   - [ ] distance　　名 距離

10. **正解：(A)** 頻出

    訳 失業率と犯罪率の間には相関関係があるように思われる。

    解説 構文の問題です。seemsが動詞なので空所には主語を入れたいところですが、They'reでは何を指すのか不明な上、be動詞も余分です。**There is ～構文では～の部分が主語です。ここではseems to beと形を変えていますが、これが動詞なのでisやareは不要です。**

    - [ ] correlation　　名 相関関係　　　[ ] unemployment rate　　失業率
    - [ ] crime　　名 犯罪

11. **正解：(D)** 基礎

    訳 さらなるサービスに関しましては、ご注文をファクスされるか営業時間内にお電話ください。

    解説 前置詞の問題です。business hours（営業時間）に適切な前置詞はduring（～の間）です。(A)のmidstは「～の中に」という意味です。

    - [ ] phone in　　～を電話で知らせる　[ ] order　　名 注文
    - [ ] business hours　　営業時間

12. **正解：(B)**

    訳 最高経営責任者がその会社から去った後で、その株は6パーセント以上はね上がった。

    解説 動詞の問題です。its stockが主語で空所には動詞が入ります。文の内容から過去形にします。

    - [ ] departure　　名 去ること　　　　[ ] stock　　名 株

13. 正解：(C)

訳 陪審団はその訴訟事件で原告に有利な評決を下した。

解説 熟語の問題です。in favor of ~で「~に有利に（な）」という意味です。この文の動詞のfindは「評決を下す」という自動詞です。

- [ ] jury　　名 陪審団
- [ ] find　　動 評決を下す
- [ ] plaintiff　名 原告
- [ ] case　　名 訴訟

14. 正解：(A)

訳 航空産業の企業すべてが丸1日、派手な宣伝を行った。

解説 熟語動詞の問題です。publicity stuntは日本語の「スタンドプレー」ですが、ここでは「派手な宣伝企画」という意味です。ショーや演劇を「催す；上演する」という意味のput onを使います。

- [ ] airline　　名 航空会社
- [ ] publicity stunt　派手な宣伝企画
- [ ] entire　　形 全体の

15. 正解：(C)

訳 そのソフトウェア製作会社は、人気アプリケーションの最新バージョンを、バグを解決すればすぐに市場に出すだろう。

解説 形容詞の問題です。名詞のversionを修飾して意味の通るlatest（最新の）を選びます。lateは「時期が遅い」という意味なので、その最上級latestで「最も時間が遅い」→「最新の」となります。

- [ ] release　動 発売する
- [ ] bug　　名 バグ
- [ ] work out　解決する

16. 正解：(D)

訳 その代理店は、展示場のすべての新しい車に無利息融資を提供している。

解説 単語の問題です。financingは「融資；金融」という意味で、zero percent financingで「金利ゼロでの融資」という意味になります。

- [ ] dealer　　名 代理店；ディーラー
- [ ] vehicle　名 車
- [ ] lot　　　名 用地；敷地

Part V

17. 正解：(B) 頻出

訳 政府は急速に増えているインターネット詐欺に関連した問題に取り組む法案に署名した。

解説 分詞の問題です。associateにはassociate A with Bで「AをBに関係させる」という意味があります。ここはproblemsを修飾しているので過去分詞にして、「the rapid growthに関係づけられる問題」にします。

- □ address　動 取り組む
- □ associate A with B　AをBに関係させる
- □ rapid　形 急速な
- □ fraud　名 詐欺

18. 正解：(C) 基礎

訳 顧客は技術サポートセンターのサービスに満足していないので、その会社はそれを立て直すだろう。

解説 前置詞の問題です。satisfyは「満足させる」という意味ですが、「あるものに満足する」というときには受動態で使いwithを伴います。

- □ satisfy　動 満足させる
- □ technical　形 技術の
- □ restructure　動 立て直す

19. 正解：(A)

訳 その候補者は討論の間、住宅問題についての意見を持っていなかった。

解説 動詞の問題です。inputの前にnoがあるのでinputは名詞です。ふつう「入力」と訳されていますが、ここでは「意見（の提供）」という意味です。

- □ candidate　名 候補者
- □ input　名 意見・情報（の提供）
- □ housing problem　住宅問題
- □ debate　名 討論

20. 正解：(D)

訳 報道記者はニュースを報道する前に、自分の情報源が信頼できるものであることを確認しなければならない。

解説 形容詞の問題です。sourcesにふさわしい形容詞を選びます。reliableは動詞rely（信頼する）の形容詞形で「信頼できる」という意味です。なお、insatiableは「飽くことのない」、pliableは「柔軟な」、unableは「できない」という意味です。

- □ reporter　名 記者
- □ make sure　確かめる
- □ source　名 （情報）源
- □ report　動 報道する

21. 正解：(B)

訳 ベルさんは数週間にわたり納期に間に合わないことが続いていたので、彼女の職はまさに風前の灯だ。

解説 前置詞の問題です。jeopardyは「危機的状況」という意味で、そのような状態の中にあるということなので、「〜の中」を表すinを使います。

- ☐ miss　　動 逸する；逃がす　　☐ deadline　　名 納期
- ☐ jeopardy　　名 危機的状況　　☐ definitely　　副 確実に；まったく

22. 正解：(C)

訳 いかなる欠陥製品によって引き起こされた怪我や損傷もすべて製造業者の責任である。

解説 単語の問題です。空所の前に冠詞と形容詞のthe soleがあり、後ろにofがあるので、空所には名詞が入ります。responseは名詞もありますが、「反応」という意味でここでは不適です。

- ☐ injury　　名 怪我　　☐ damage　　名 損害
- ☐ defective　　形 欠陥のある　　☐ sole　　形 単独の
- ☐ responsibility　　名 責任

23. 正解：(D)　　頻出

訳 保証書は、製造業者が無料で欠陥のある部品を修理あるいは交換することを保証している。

解説 動詞の形の問題です。thatの中では主語がthe makerで動詞がrepairですが、orに導かれているので空所にも動詞を入れます。ここでは助動詞のwillが使われているので原形にします。repairが原形になっていることもヒントになります。

- ☐ warranty　　名 保証書　　☐ guarantee　　動 保証する
- ☐ charge　　名 料金　　☐ repair　　動 修理する
- ☐ replace　　動 交換する

24. 正解：(B)

訳 ジェイソンは車で出勤するいつもの習慣から脱却しようと、歩いて出勤することにした。

解説 形容詞の問題です。habitを修飾する形容詞を選びます。dualは「二重の」、residualは「残りの」という意味で、いずれも文意に合いません。usualは「いつもの」という意味です。

- ☐ departure　　名 離れること　　☐ habit　　名 習慣

Part V

25. 正解：(A) 基礎

訳 一昨日、そのレストランを調査するために保健所がやって来た。

解説 熟語の問題です。**the day before yesterday**で「昨日の前の日」→「一昨日」という意味になります。the day after tomorrowは「あさって」です。

- □ health department　保健所
- □ come by　やって来る
- □ inspect　動 調査する

26. 正解：(D)

訳 そのクーポン券を持ってきた人には、衣類の全商品が25パーセント引きになる。

解説 前置詞の問題です。<entitle＋O＋to～>で「Oに～に対する権利・資格を与える」という意味です。offは「割引して」です。

- □ coupon　名 クーポン券
- □ entitle　動 資格を与える
- □ bearer　名 持っている人
- □ item　名 商品

27. 正解：(B)

訳 ライアンは父親の跡を継いで、大学卒業後に軍隊に入るつもりだ。

解説 熟語の問題です。**footstep**は「足の運び」という意味で、**follow in ～'s footsteps**で「～の跡を継ぐ」という熟語になります。footstepsの代わりにstepsだけでも同じ意味です。

- □ join　動 加わる
- □ armed forces　軍隊
- □ graduate　動 卒業する

28. 正解：(C)

訳 スティーブンスさんはその計画の研究チームを率いて、自分の助手を指名するだろう。

解説 動詞の形の問題です。助動詞willの後は必ず動詞の原形が来ます。選択肢の中で動詞の原形はappointだけです。

- □ head　動 率いる
- □ research team　研究チーム
- □ appoint　動 指名する
- □ assistant　名 助手

29. 正解：(C) 基礎

訳 グレタは今日はとても忙しかったので、昼食をとる時間がなかった。

解説 構文の問題です。**so ~ that ...** で「**大変~なので…**」という意味の構文です。becauseでは因果関係が逆になります。

30. 正解：(B)

訳 その小売店はカタログにあるいくつかの商品について、期間限定で値下げをした。

解説 動詞の変化形の問題です。空所の前に不定冠詞のaがあり、空所の後にはtimeがあるので、空所にはtimeを修飾する言葉が入ります。分詞のlimitingかlimitedですが、期間は「限定されている」ので過去分詞が適切です。

- □ retail outlet　　　小売店　　　□ reduce　　　動 下げる
- □ item　　　名 商品

31. 正解：(D) 盲点

訳 そのニュースキャスターは1時間の番組の間、ずっとその悲劇の実況放送をしていた。

解説 単語・熟語の問題です。commentとcommentaryはどちらも名詞で「解説」という意味がありますが、**running commentary**で「**実況放送**」という意味です。runningは「目下の」という意味です。

- □ provide　　　動 提供する　　　□ running commentary　　実況放送
- □ tragedy　　　名 悲劇　　　□ broadcast　　　名 番組；放送

32. 正解：(B)

訳 上司はビルに在庫目録を作って、注文を出すように言った。

解説 動詞の問題です。**order**は「**注文する**」という動詞もありますが、ここでは名詞で、それを目的語とする動詞は**place**です。placeの他にはgiveも使います。

- □ supervisor　　　名 上司；管理者
- □ take inventory of ~　　　~の在庫目録を作る
- □ stock　　　名 在庫

Part V

33. 正解：(C)
   訳 その会社は特別販売キャンペーンの一部として、無料サンプルを配っている。
   解説 熟語の問題です。give outは「配布する」という意味です。give overは「引き渡す」、give inは「屈する」という意味です。
   - □ give out　　配布する　　　　　□ campaign　名 キャンペーン

34. 正解：(B)
   訳 さまざまな分野の科学者が、新しい高速ネットワークから恩恵を受けるだろう。
   解説 前置詞の問題です。different fieldsは「さまざまな分野」という意味です。fieldは通常、前置詞はinを使いますが、このようにfromを使う場合もあります。
   - □ field　　名 分野　　　　　　　□ benefit　動 恩恵を受ける

35. 正解：(D)　　　　　　　　　　　　　　　　　　　　　　　　頻出
   訳 第1四半期の個人消費が国内総生産を引き上げるのに一役買った。
   解説 動詞の変化形の問題です。この文の動詞はhelpedなので、空所に入るのは主語となる名詞です。spendは動詞なので、spendingと動名詞にしなければなりません。
   - □ consumer spending　個人消費　□ quarter　名 四半期
   - □ raise　動 引き上げる
   - □ GDP (=gross domestic product)　名 国内総生産

36. 正解：(A)
   訳 アレンは同僚に、新しい取引先の処理をするのに3人を任命するつもりだと言った。
   解説 時制の問題です。be going toは「未来・予定」の表現です。
   - □ colleague　名 同僚　　　　　　□ assign　動 任命する
   - □ handle　動 処理する　　　　　□ account　名 取引先

37. 正解：(C) 　　基礎

訳 その画家は月末まで画廊で作品を展示する。

解説 前置詞の問題です。「～まで」と継続した動作の終わりを示す前置詞はuntilかtillです。untilは接続詞としても使えます。

☐ works 　　　名 作品　　　　☐ gallery 　　　名 画廊

38. 正解：(B) 　　基礎

訳 天気予報によれば、今日と明日は一日中雨のようだ。

解説 前置詞句の問題です。according to ～は「～によれば」という意味で情報源を表す前置詞句です。according toには他に「～にしたがって」という意味もあります。

☐ according to ～　～によれば　　☐ weather report　　天気予報
☐ all day　　　　一日中

39. 正解：(A)

訳 デニスは転職して、州政府の職に応募することにした。

解説 単語の意味の問題です。andの後のapply forは「～に応募する」という意味なので、それに合った単語を選びます。change careersはchange trains（乗り換える）と同じように目的語を複数にして「～を替える」という言い方です。

☐ career 　　　名 職　　　　☐ apply for～　　～に応募する
☐ state government　　州政府

40. 正解：(C)

訳 マークは環境に対して自己の役目を果たそうと、車を相乗りして通勤することにした。

解説 動詞の問題です。partは「役割；本分」の意味では、do、play、act、fillなどの動詞を使うことができます。

☐ do one's part　　　役目を果す　　☐ environment　　名 環境
☐ carpool　　　　動（自家用車の持ち主がグループを作って）交替で運転する

Part VI

41. 正解：(D)
解説 空所に入る言葉によって修飾されている clothing retail chain は「衣料品小売りチェーン」という意味なので、これを修飾するのに適した biggest（最大の）を選択します。

42. 正解：(B)
解説 branch out は「事業を拡大する」という意味の熟語。(A)turn up は「現れる」、(C)buy out は「買い取る」、(D)close down は「閉鎖する」という意味なので、いずれも文脈に合いません。

43. 正解：(C)　　　　　　　　　　　　　　　　　　　　　　　　　　頻出
解説 空所は style という名詞と and という等位接続詞で結ばれていると考えられますから、同じように「名詞」である comfort（快適さ）が正解だと分かります。なお、comfort を動詞として用いた場合は「慰める」という意味になりますし、comfortable は形容詞形で「心地よい」という意味です。

訳 設問41～43は、次のニュース記事に関するものです。

ロサンゼルス発――オーストラリア最大の衣料品小売チェーンであるオズウェアが、来年夏までに米国に1号店を開く計画を発表した。同社はロサンゼルスに本店を開き、その後来年末までに、ニューヨーク、サンフランシスコ、シカゴなど他の主要都市に出店する予定である。

オズウェアの広報担当者によれば、米国では消費者の支出がオーストラリアの消費者よりも高額であることから、米国での販売は活況を呈すると同社では確信している。米国の主要衣料品目との激しい競争への不安を問われて、同担当者は「米国の人々はオーストラリア流ファッションのスタイルと心地よさを評価するだろう」と語った。

本国での販売実績の評価から、オズウェアは米国でも長期的な集客基盤を十分に持つだろうと専門筋は予測している。

☐ article	名	記事
☐ clothing	名	衣類
☐ retail	名	小売り
☐ announce	動	発表する
☐ flagship store		本店
☐ branch out		拡張する；支店を出す
☐ major	形	主要な
☐ A such as B		たとえばBのようなA
☐ be confident that S V		SがVすることを確信している
☐ brisk	形	活発な
☐ consumer	名	消費者
☐ spend	動	費やす
☐ counterpart	名	相当するもの
☐ fear	動	恐れる
☐ competition	名	競争
☐ line	名	品ぞろえ；その種のもの
☐ comment	動	論評する
☐ appreciate	動	評価する
☐ comfort	名	心地よさ
☐ Aussie	形	オーストラリア（人）の
☐ judge	動	判断する；見積もる
☐ sales	名	売り上げ（高）
☐ analyst	名	分析者；専門家
☐ predict	動	予測する
☐ long-term	形	長期にわたる
☐ base	名	基盤、下地

Part VI

44. 正解：(D) 〔頻出〕

解説 主節の時制がwas hopingのように過去進行形となっているため、この時点から見た未来を表すwillの過去形のwouldを選びます。(D)が正解。

45. 正解：(C)

解説 needの直後に不定詞を置き、need to Vとすると「Vする必要がある」という意味になります。また、needの直後に動名詞を置き、need Vingとすると「Vされる必要がある」という受動的な意味になりますが、この文脈では受動的な意味はないので(D)ではなく、不定詞を使った形を用います。不定詞の動詞は原形なので(A)は不可。(B)は「動機づけ」という意味の名詞なので不可。

46. 正解：(B) 〔頻出〕

解説 都合のよい日時を伝えてもらうという文脈には「最も…」という意味のmostという副詞が適しています。なお、**同一人物、同一物の中での度合いの比較の場合には、最上級の前にtheは置かれません**ので注意しましょう。

訳 設問44〜46は、次のメールに関するものです。

宛先：ショーン・ウィルソン
差出人：ブライアン・ミラー
用件：お礼

ごきげんよう、ショーン
　先日は役員会でのプレゼンテーションを手伝っていただき、とても助かりました。あなたの援助は大変貴重でした。プレゼンテーションが無事に進行するよう願っていましたが、あなたのおかげでまさにその通りになりました。
　来週、営業チームに新しい営業戦略を伝えるために、同様のプレゼンテーションを行わねばなりません。新しい経営戦略についての役員会へのプレゼンテーションとは違って、今回はより詳細で広範囲なものになります。営業スタッフの意欲を高めることも必要になるので、前回のプレゼンテーションよりも少し明るい感じにすべきでしょう。
　今度のプレゼンテーションでも、あなたに手伝っていただけるとありがたいのですが。もしよかったら、この件についてお会いして検討したいと思います。今週の水曜日と金曜日は、終日時間が空いています。そちらの都合が一番よい時刻を知らせてください。
　改めてお礼を申し上げ、早めのお返事をお待ちしています。

敬具
ブライアン

- [ ] help [assist] A with B　　　AのBを手伝う
- [ ] the Board of Directors　　　理事会；役員会
- [ ] the other day　　　先日
- [ ] valuable　　　形 貴重な
- [ ] smoothly　　　副 円滑に
- [ ] similar　　　形 似ている；同様の
- [ ] strategy　　　名 戦略
- [ ] unlike　　　前 ～とは違って
- [ ] detailed　　　形 詳細な
- [ ] comprehensive　　　形 広範囲の；包括的な
- [ ] motivate　　　動 意欲を起こさせる
- [ ] a bit　　　少し
- [ ] upbeat　　　形 楽天的な；明るい
- [ ] previous　　　形 前の
- [ ] meet with ～　　　～と（約束して）会う
- [ ] as well　　　同様に
- [ ] discuss　　　動 論じる；検討する
- [ ] let me know　　　私に知らせる
- [ ] be convenient for ～　　　～にとって都合がよい
- [ ] look forward to Ving　　　Vすることを楽しみに待つ
- [ ] hear from ～　　　～から便り［連絡］がある
- [ ] Regards　　　名 敬具〈手紙の結びの言葉〉

Part VI

47. 正解：(C)　　　　　　　　　　　　　　　　　　　　　　　　　　基礎

解説 unfair charge（不当な請求）という動作を行った主であるour companyという名詞が空所の直後に置かれていることから、「〜による」「〜によって」という意味のbyという前置詞を選択します。

48. 正解：(D)　　　　　　　　　　　　　　　　　　　　　　　　　　基礎

解説 主語のgoodsは「配送される」方なので、受動態を選択すべきことが分かります。また、主節の時制が現在完了であることから過去形にしなければならないので(D)が正解。

49. 正解：(A)

解説 credit card theftは「クレジット詐欺」という意味。ちなみにtheftは「窃盗」という意味です。(B)thiefは「泥棒」、(C)paymentは「支払い」、(D)criminalは「犯罪者」という意味なので、いずれも文脈に合いません。

訳　設問47〜49は、次のレターに関するものです。

ティム・コナー
211 ギルボーン通り
シカゴ
イリノイ州

拝啓 コナー様
　私どもにお便りをいただき、当社からそちらのクレジットカードへの不正請求に関する件をお知らせいただいてありがとうございます。ご連絡が遅れ、申しわけございません。当社では、お客様の事例を再調査しました。
　今回の件は、当社が11月にオンライン販売を開始して以来、非常に頻繁に起きている問題のようです。この件によりご不便をおかけした点につきまして、心よりお詫び申し上げます。
　商品の現物がそちらのご住所へ送られていないことを確認いたしましたので、お客様のクレジットカードへの請求は、全額ご返金することといたしました。また、当社サイトで商品が購入できる100ドル分の商品券を、本状に同封しております。私どもの心からのお詫びとして、この券をお受け取りいただければ幸いです。
　もしもクレジット詐欺の被害を受けた可能性をお考えの場合は、1-800-555-0389のクレジットカード詐欺監督局までご連絡ください。
　ご理解をよろしくお願い申し上げます。

敬具
メレディス・ハーウェル
Eバイ社

- [ ] concern 名 関心（事）；問題
- [ ] unfair 形 不公平な
- [ ] charge 名 請求
- [ ] delay 名 遅延
- [ ] get back to ～ ～に返事［連絡］をする
- [ ] review 動 見直す；再調査する
- [ ] case 名 事例
- [ ] frequently 副 しばしば
- [ ] sincerely 副 心から
- [ ] apologize for ～ ～に対して謝罪する
- [ ] inconvenience 名 不便
- [ ] cause 動 引き起こす
- [ ] discover 動 発見する
- [ ] actual 形 現実の
- [ ] goods 名 商品
- [ ] residence 名 住所；家
- [ ] therefore 副 したがって
- [ ] decide to V Vすることに決める
- [ ] refund 動 払い戻す
- [ ] charge 動 請求する
- [ ] in full 全部［全額］の
- [ ] enclose A with B BにAを同封する
- [ ] gift certificate 商品券
- [ ] apology 名 謝罪
- [ ] victim 名 被害者
- [ ] theft 名 盗み
- [ ] contact 動 連絡を取る
- [ ] bureau 名 局；事務所
- [ ] fraud 名 詐欺
- [ ] Sincerely 副 敬具〈手紙の結びの言葉〉

Part VI

50. 正解：(A)　　　　　　　　　　　　　　　　　　　　　　　　　基礎

解説 直後の形容詞、confidentialを修飾するためには副詞を選択しなければなりませんから、strictly（厳密に）という意味の副詞を選択します。**形容詞に-lyという接尾辞を付けると副詞となる**ことも覚えておきましょう。

51. 正解：(C)

解説 in order to Vは「Vするために」という意味の目的を表す副詞。この形に当てはまるのは(C)のみです。

52. 正解：(C)　　　　　　　　　　　　　　　　　　　　　　　　　盲点

解説 空所の直前で、「サイトの改ざんが違法である」ということ、また直後で「法律によって罰せられる」ということが述べられていることから、順接の意味を持つ(C)が適しているということが分かります。(A)は「その代わりに」、(B)は「それにもかかわらず」、(D)は「逆に」という意味なのでいずれも文意に合いません。

訳　設問50〜52は、次の告知に関するものです。

当社オンラインショップへのご訪問、ありがとうございます。当社では、プライバシー保護法により課された全法令を順守しております。したがって、当サイトを通じてお送りいただいた情報はすべて極秘扱いとし、一般には決して公開されないことを保証いたします。情報は当社で使用する目的にのみ、安全なデータベースに保管されます。ただし、利用者の身元確認および今後のアクセスを容易にするため、サイトにクッキーを利用いたします。ブラウザの設定により、これらのクッキーを受け入れない選択をすることも可能です。いかなる手段でも当サイトの改ざんを試みることは違法であり、法律による処罰の対象となる点にご注意ください。当サイトおよびコンテンツの不正使用は、法執行機関へ直ちに報告されます。

☐ notice	名	通告；掲示
☐ obey	動	従う
☐ put forth		示す；発表する
☐ the Privacy Act		プライバシー保護法
☐ therefore	副	したがって
☐ assure 〜 that S V		SがVすることを〜に保証する
☐ strictly	副	厳格に
☐ confidential	形	秘密の
☐ release	動	解放する
☐ the public		一般の人々
☐ store	動	保管する
☐ secure	形	安全な
☐ database	名	データベース
☐ purpose	名	目的
☐ however	副	しかし
☐ cookie	名	クッキー〈ウェブサイトがユーザーのコンピュータに記録する小さなサイズの情報〉
☐ facilitate	動	容易にする
☐ accept	動	受け入れる
☐ set	動	設定する
☐ browser	名	（コンピュータの）ブラウザー
☐ note	動	注意する
☐ attempt	名	試み
☐ alter	動	変える
☐ in any way		どんな方法であれ
☐ illegal	形	違法な
☐ punishable	形	処罰に値する
☐ misuse	名	誤用；悪用
☐ contents	名	コンテンツ
☐ report	動	報告する
☐ immediately	副	すぐに
☐ law enforcement official		法執行機関